westermann

Fibel Fördern

Erarbeitet von

Esther Radgen, Anja Schultalbers-Niebel, Karen Volkmann
und Kerstin von Werder

Auf der Grundlage von

Anna-Katharina Lautenschläger, Heike Leinhos, Kathrin Merkt,
Sandra Precht und Kerstin von Werder

Wissenschaftlich beraten durch

Carola Reuter-Liehr

Illustriert von

Svenja Doering, Isabelle Metzen und Silke Reimers

Inhaltsverzeichnis

Die Fußzeilen enthalten praktische Hinweise zu den Lernschritten auf der Fibelseite, sowie Hinweise zu den Kompetenzen und weiterführende Anregungen.

Abkürzungen und Symbole: AH Arbeitshefte, Teil A und B

AH Fö Arbeitshefte zur Förderung, Teil A und B

D Fö Das kann ich - Heft zur Förderung   Anregungen zur Medienbildung

Wir-Heft A Arbeitsheft Inklusiv

3

Ankommen – Kari, Bu und du

Bilder beschreiben; verstehend zuhören, Geschichte mithilfe der Bilder nacherzählen; Kari, Bu und Salome (auch als Ganzwörter) kennenlernen; **Sprechen und Zuhören**; QR-Code: Zuhörtext „Ankommen"

• AH / AH Fö: S. 2–13
• Wir-Heft A: S. 4

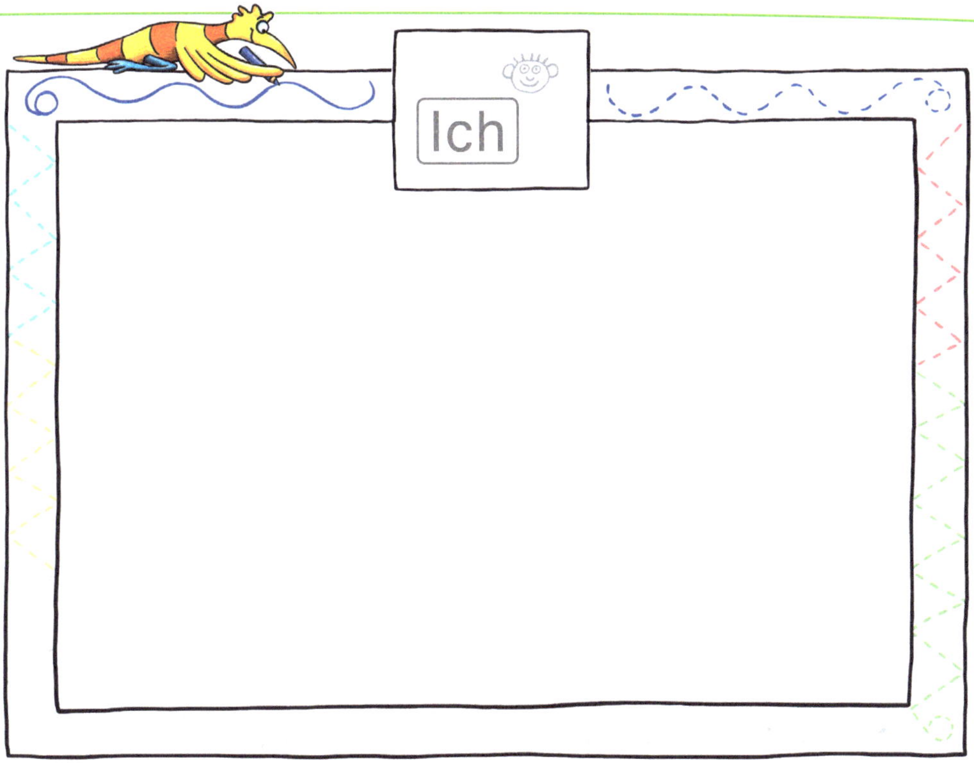

Ich

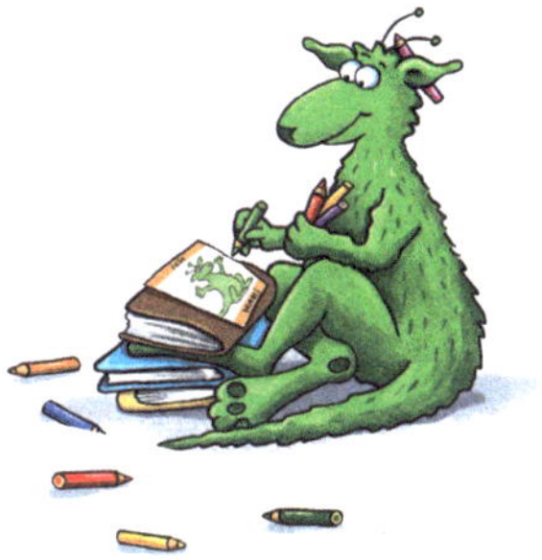

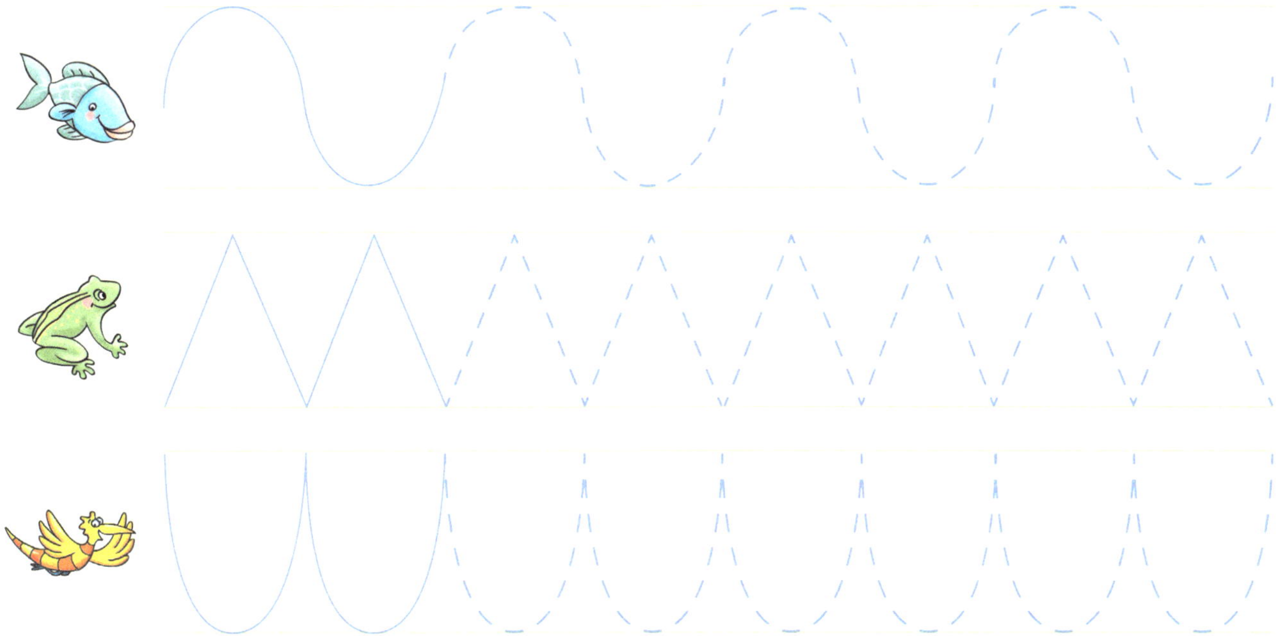

über sich selbst sprechen und sich selbst darstellen; Ganzwort *Ich* kennenlernen; bekannte Buchstaben und erste Wörter (z.B. den eigenen Namen) schreiben; Muster nachspuren; **Sprechen und Zuhören**

Auf dem Schulhof

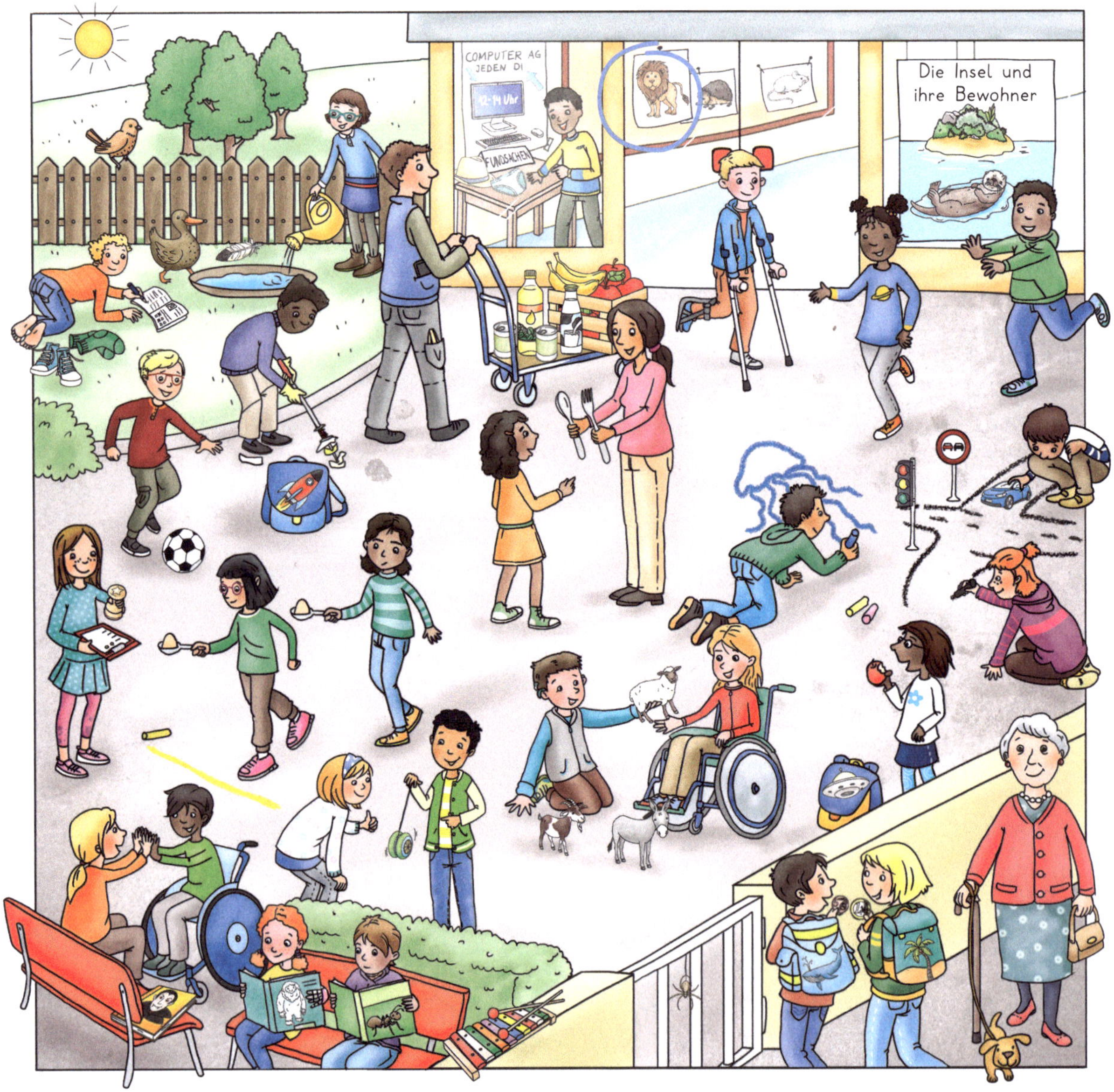

COMPUTER AG
JEDEN DI

Die Insel und
ihre Bewohner

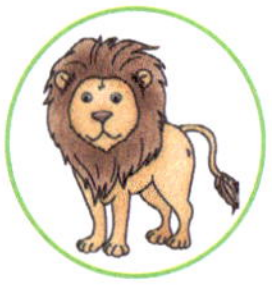

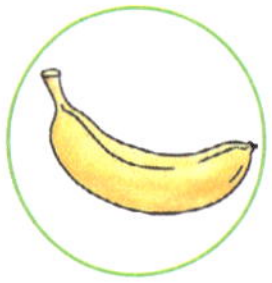

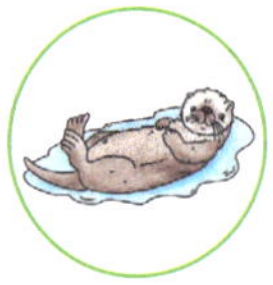

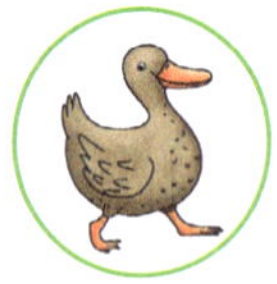

über das Bild sprechen; einander zuhören; Suchspiele: Wo ist ... ?/Ich sehe etwas, was du nicht
siehst ...); **Sprechen und Zuhören**; Lautbilder finden, benennen und einkreisen, Anlaute hören;
Sprache untersuchen

• AH / AH Fö: S. 2–13
• Wir-Heft A: S. 6

Das Schreib-Ufo

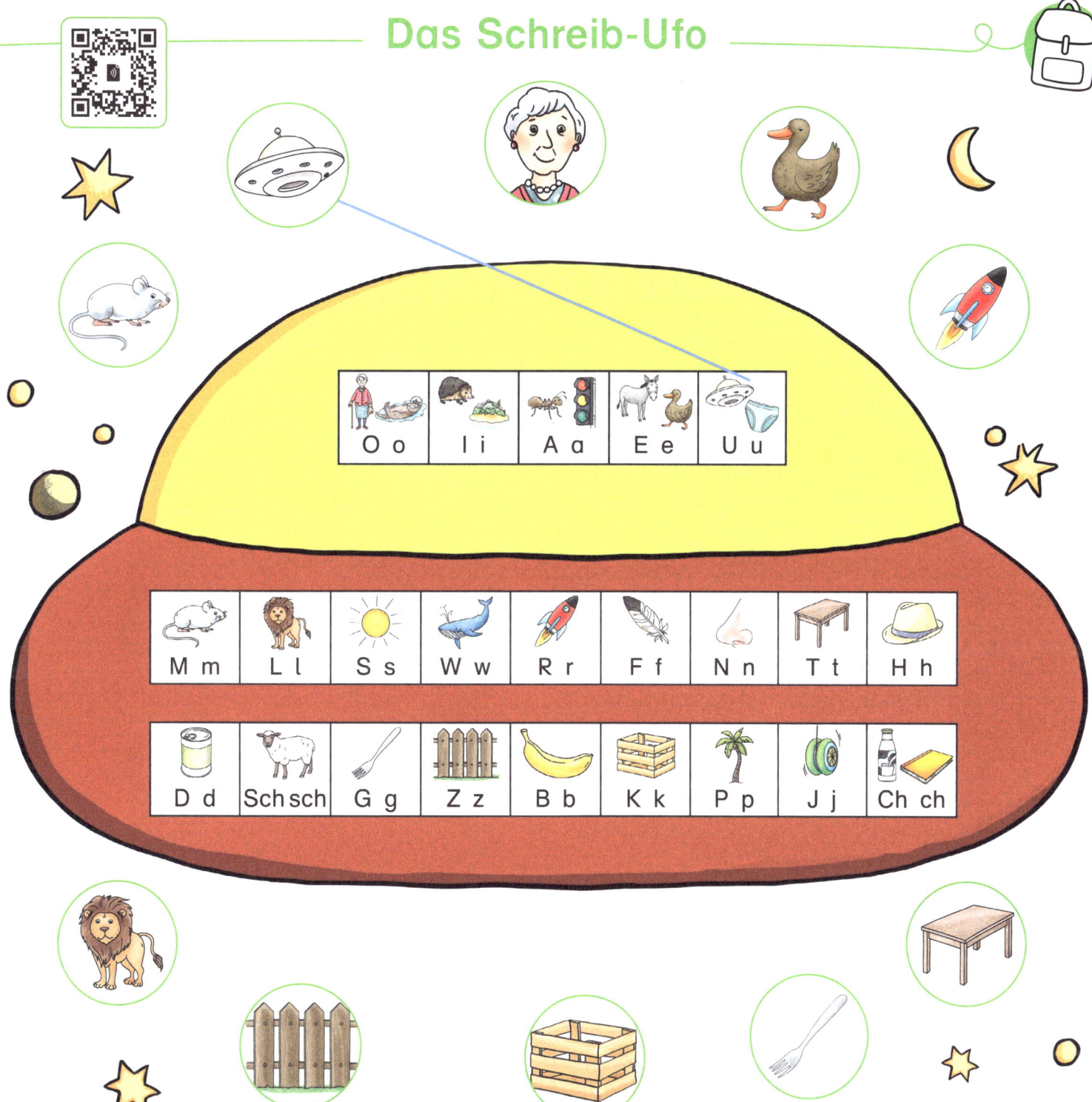

O o	I i	A a	E e	U u

M m	L l	S s	W w	R r	F f	N n	T t	H h

D d	Sch sch	G g	Z z	B b	K k	P p	J j	Ch ch

• AH / AH Fö: S. 2–13
• Wir-Heft A: S. 7

Schreib-Ufo kennenlernen; Lautbilder benennen und verbinden, dabei Anlaut auditiv und sprech-
motorisch erfassen, z.B. *Mmm wie Maus* (phonologische Bewusstheit); **Sprache untersuchen**;
Sprechen und Zuhören; vgl. QR-Code auf Umschlagsinnenseite: vollständiges Schreib-Ufo

Silben kennenlernen

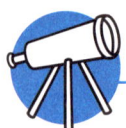

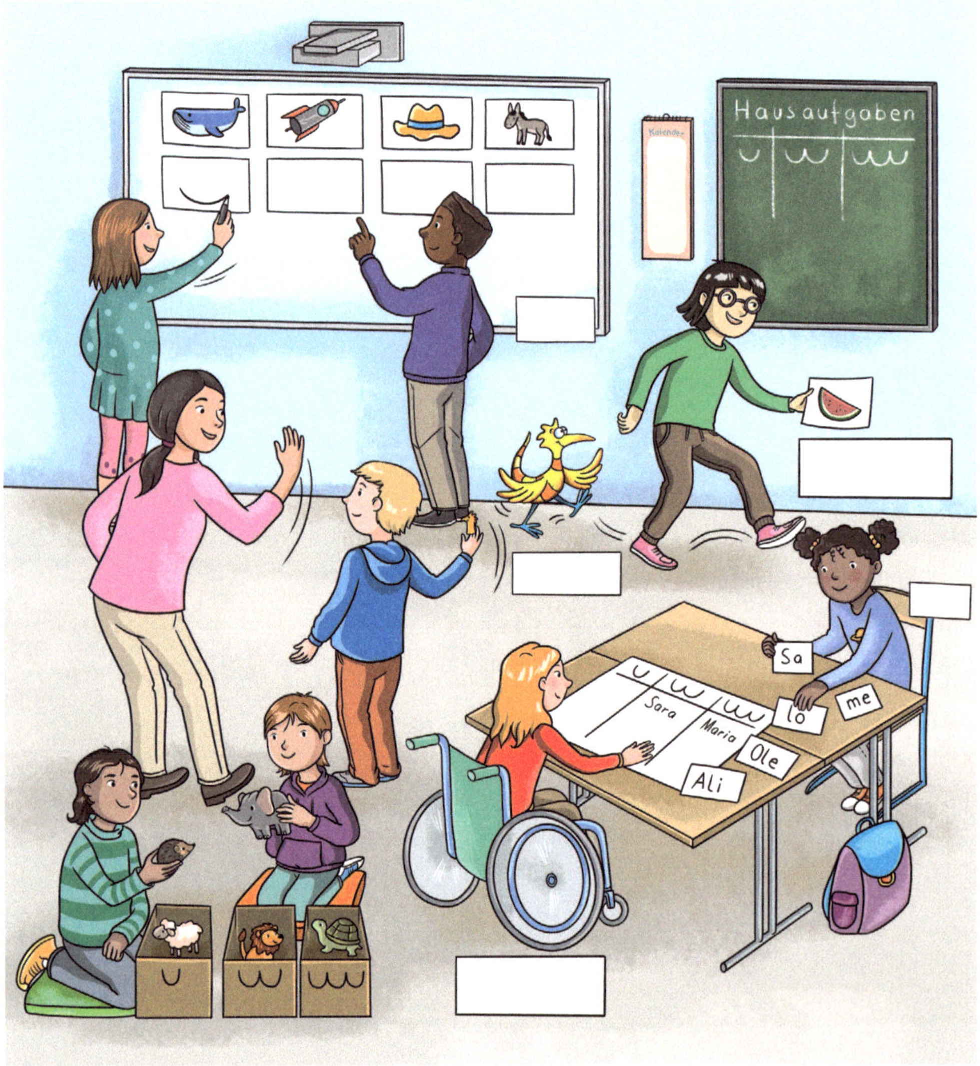

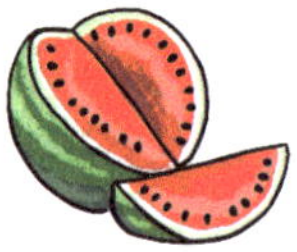

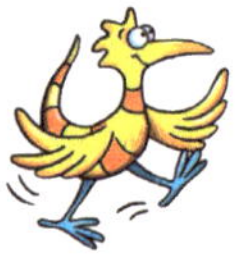

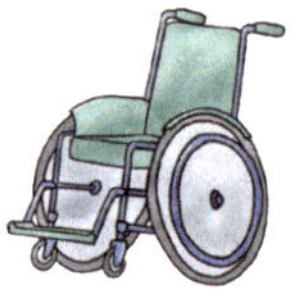

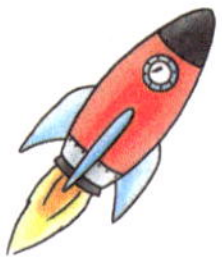

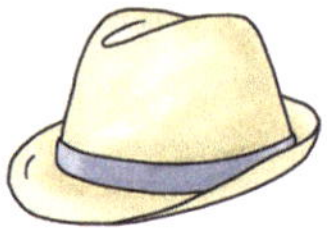

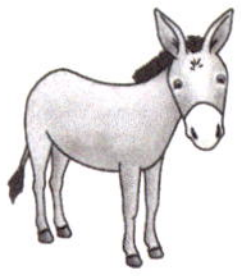

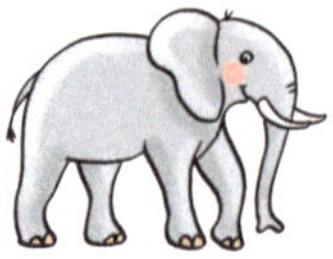

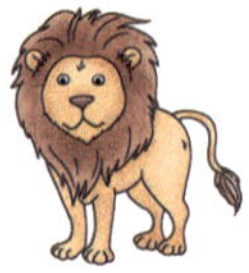

über das Bild sprechen, Möglichkeiten der Silbengliederung (Schwingen, Schreiten, Bildkarten nach Silbenanzahl sortieren, ...) erfassen und in der Klasse ausprobieren; Silbenbögen setzen, erste Erkenntnisse über die Sprachstruktur gewinnen (Silben strukturieren Wörter); **Sprache untersuchen**

• Wir-Heft A: S. 8

Wal

Und ich schwinge so!

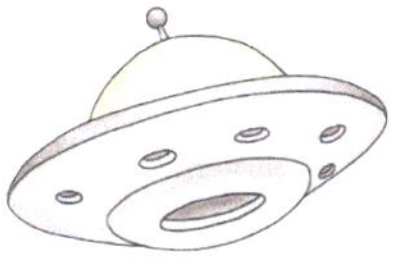

• Wir-Heft A: S. 9

Silbenrhythmus ganzheitlich durch Silbenschwingen erfahren (linkshändig s. KV), Arbeitstechnik *Silbenbögen setzen* kennenlernen (mit Stift setzen, dabei mitsprechen, mit Finger(puppe) nachspuren); erste Erkenntnisse über die Sprachstruktur gewinnen (Silben strukturieren Wörter); **Sprache untersuchen**; QR-Code: Erklärvideo „Silben schwingen"

9

Piloten (Vokale)

Anlautbilder thematisieren, Grapheme und zugehörige Lautgebärden einführen und regelmäßig üben (= wiederkehrendes Prinzip bei jeder Buchstabeneinführung); Mundbilder visualisieren die Lautbildung, die im Spiegel selbst erforscht werden kann; Vokallänge erforschen (z. B. Ameise vs. Ampel); passende Bilder zu den Vokalen markieren; **Sprache untersuchen**

• AH / AH Fö: S. 14–25
• Wir-Heft A: S. 10-12

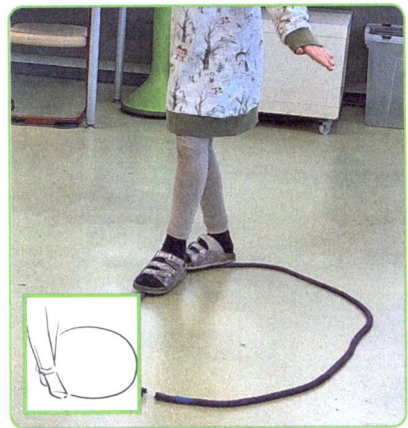

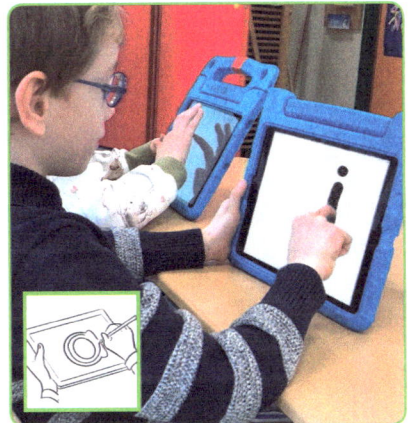

- AH / AH Fö: S. 14–25
- Wir-Heft A: S. 10-12

Möglichkeiten des ganzheitlichen Erfassens eines Graphems (Buchstabens) kennenlernen; Begriff „Piloten" für Vokale kennenlernen, Bildimpulse mit den Piloten verbinden; **Sprache untersuchen**

M m

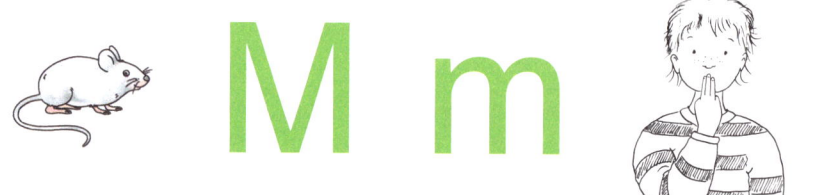

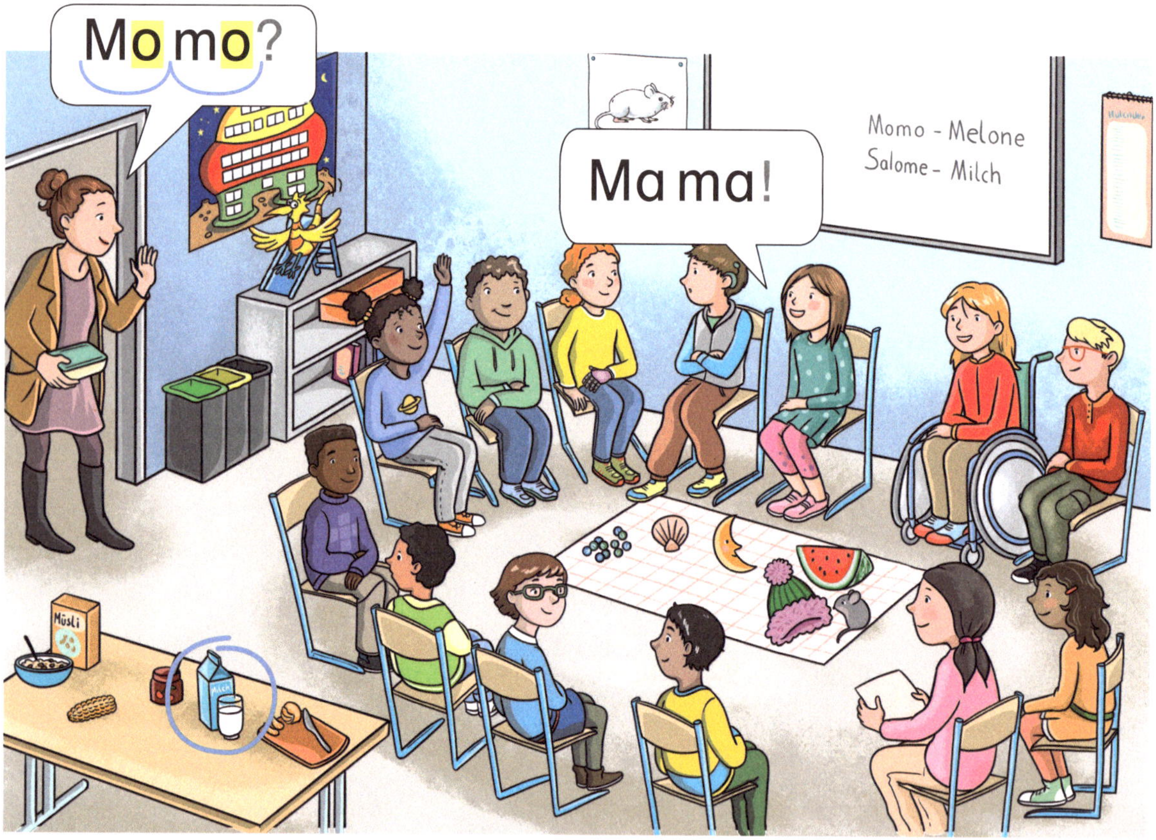

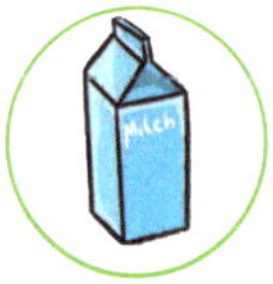

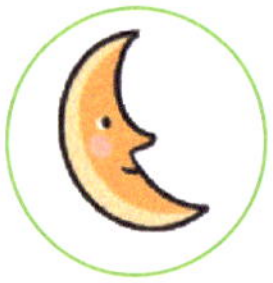

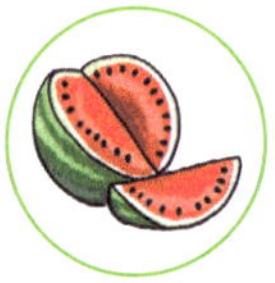

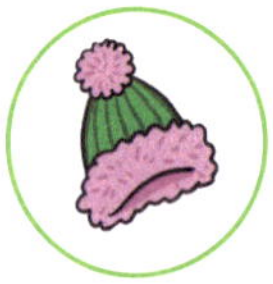

Momo?
Mama!
Momo - Melone
Salome - Milch
Müsli
Milch

Milch

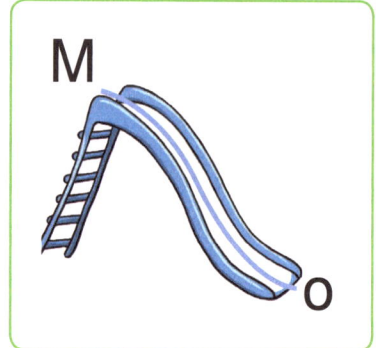

M
o

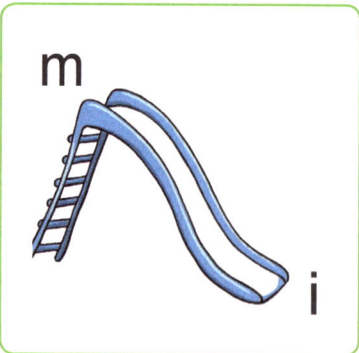

m
i

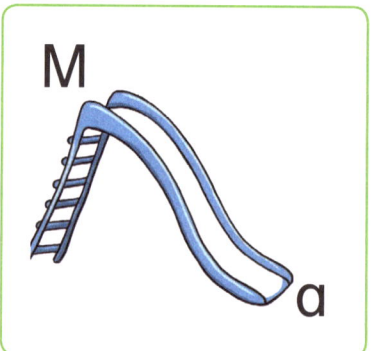

M
a

über das Bild sprechen (Gesprächsregeln siehe S. 114), **Sprechen und Zuhören**; Minibilder und weitere Wörter mit M m finden, einkreisen und in Silben schwingen; Vorentlastung unten: Silbenarbeit (Piloten markieren, mit Silbenbögen lesen), Leserutsche nachfahren/Silben/Wörter lesen; danach im Bild lesen

- AH / AH Fö: S. 26–29
- Wir-Heft A: S. 14, 15

Ma — mo
Mo — mi
Mi — ma

Ma ma
O ma
ich

Ma ma ❤ .

O ma ❤ .

Ich ❤ .

Ich ❤ Ma mo mi.

Ma mo mi

Mo ma   Ma mo

Mi mo   Mo mi

• AH / AH Fö: S. 26–29, 31
• D Fö: 4–5
• Wir-Heft A: S. 14, 15

Silbenarbeit (Piloten markieren, mit Silbenbögen lesen); Silben verbinden, Bilder schwingen;
Wörter aus dem Grundwortschatz lesen und mit Minibildern verbinden; Situation erfassen; über das
Lieblingsessen sprechen und dazu malen

STOPP

M · o | Mo

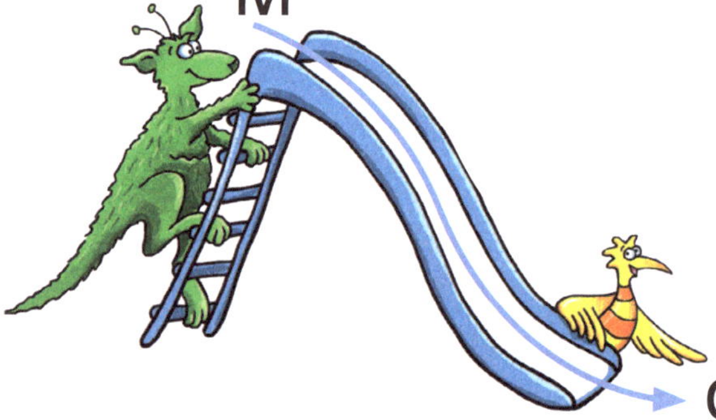

m · a | ma

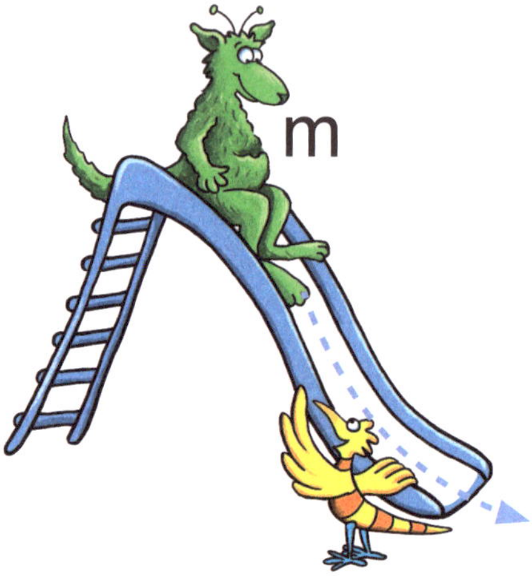

m · i | mi

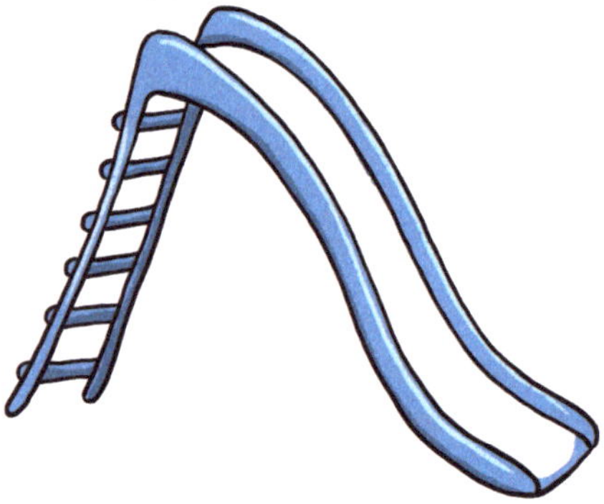

M · a |

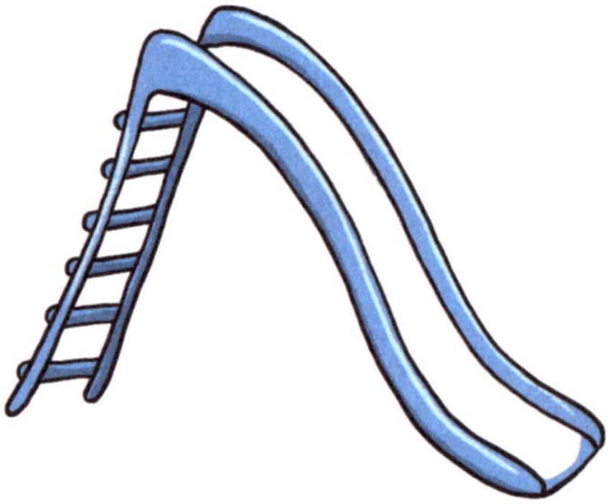

M → o, a, i

m → a, i, o

Mo	ma
Ma	mi
Mi	mo

Lautsynthese anwenden (offene Silben: Konsonant – Vokal): Buchstaben benennen, Leserutsche
mit dem Finger nachfahren, dabei die beiden Buchstaben gedehnt aussprechen und verbinden,
danach das Gelesene wiederholen; letzte Silbe schreiben; Vertiefung: Kästen lesen, Silbenarbeit,
Silben verbinden; **Lesen**

• AH / AH Fö: S. 30
• Wir-Heft A: S. 16, 17

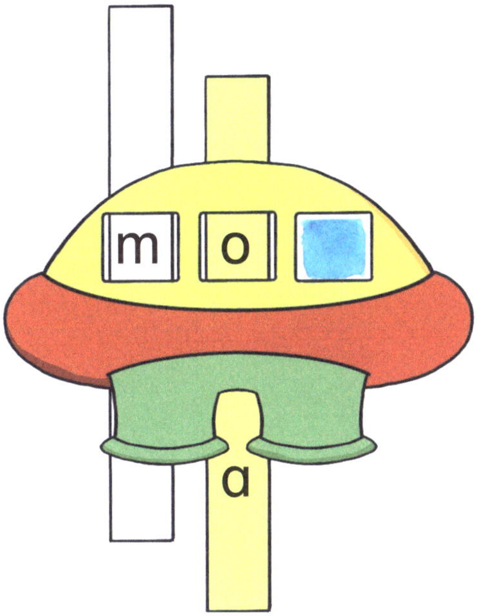

| m | o | 🟦 |

a

mo

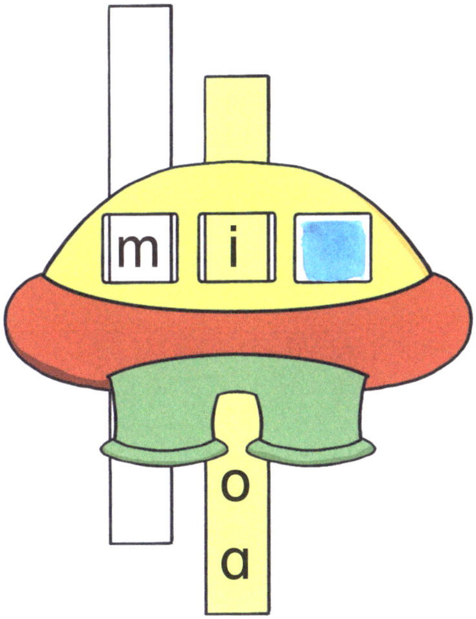

| m | i | 🟦 |

o
a

| m | i |

Mi	mo
Mo	ma
Ma	mi

Ma ma	Mami
Ma mi	Momo
Mo mo	Mama

• AH / AH Fö: S. 30
• Wir-Heft A: S. 16, 17

Lautsynthese festigen: offene Silben mithilfe des Lese-Ufos lesen; Silbenarbeit (Piloten markieren, mit Silbenbögen lesen, Silben verbinden); Wörter mit und ohne Silbenlücke lesen und verbinden

15

L l

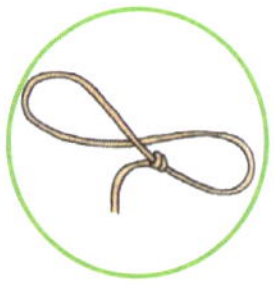

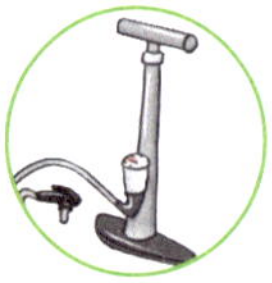

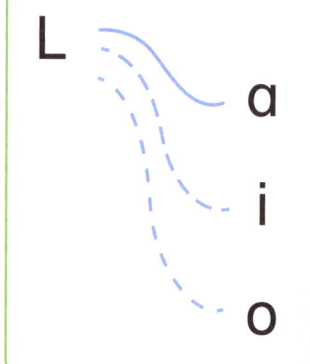

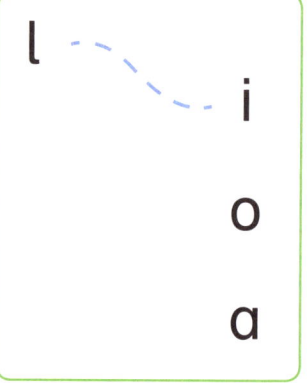

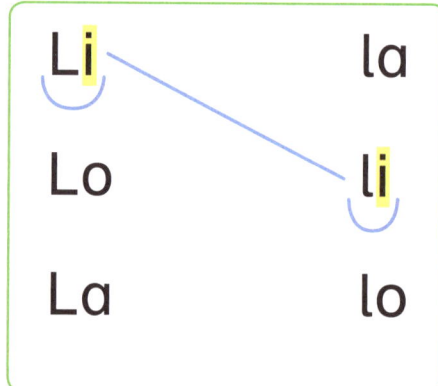

Lola, Lola!

O, A li!

Momo?

L		l		Li	la
	a		i	Lo	li
	i		o	La	lo
	o		a		

über das Bild sprechen, **Sprechen und Zuhören**; Minibilder und weitere Wörter mit L l finden, einkreisen und in Silben schwingen; Vorentlastung unten: Silbenarbeit (Piloten markieren, mit Silbenbögen lesen), Leserutsche nachfahren/Silben/Wörter lesen und verbinden; danach Wörter im Bild lesen

• AH / AH Fö: S. 32–35
• Wir-Heft A: S. 18, 19

A li	Li mo	Lama
Lo la	Mi la	Limo
li la	La ma	Mila

Ich ❤ lila.

lila

La mi ma   Lama

Lama   lo li la

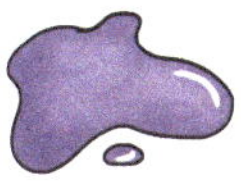

Limo   Li ma mo

• AH / AH Fö: S. 32–35
• Wir-Heft A: S. 18, 19

Silbenarbeit (Piloten markieren, mit Silbenbögen lesen), Wörter mit und ohne Silbenlücke lesen und verbinden; Situation erfassen, Spiel nachspielen; Bilder und Silben zuordnen, zu Wörtern verbinden und schreiben

17

Piloten (Vokale)

Das E e spreche ich nicht immer gleich aus.

E e

U u

E e

U u

   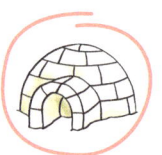    

Vokale E e und U u im An-; In- und Auslaut kennenlernen; Lautgebärden unterstützen und Mundbilder visualisieren die Lautbildung; Vokallänge erforschen (z. B. Esel vs. Ente); Bilder den Vokalen zuordnen (Bilder mit E e rot und U u blau einkreisen); **Sprache untersuchen**

• AH / AH Fö: S. 36–43
• Wir-Heft A: S. 20, 21

Bilder benennen, artikuliert sprechen, Vokale im Anlaut hören, Vokallänge erforschen (z. B. Uhr vs. Unterhemd); Bilder mit den Piloten verbinden; **Sprache untersuchen**

S s

S ⌒ a o u

s ⌒ e i o

Sa	su
So	sa
Su	so

über das Bild sprechen, **Sprechen und Zuhören**; Minibilder und weitere Wörter mit S s finden, einkreisen und in Silben schwingen; Vorentlastung unten: Silbenarbeit (Piloten markieren, mit Silbenbögen lesen), Leserutsche nachfahren/Silben/Wörter lesen; danach Wörter im Bild lesen

• AH / AH Fö: S. 44–47
• Wir-Heft A: S. 22, 23

Sa la mi	Su sa	Mose
Sa la me	Mo se	Samu
Sa lo me	Sa mu	Susa

Ich lese so.

| Me mu | La so mo | So su ma | ? | Sa la mi |

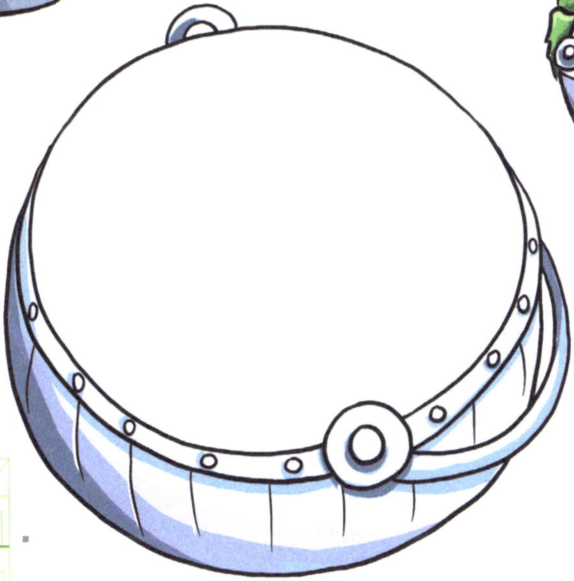

Ich male

• AH / AH Fö: S. 44–47, 49
• D Fö: 6–7
• Wir-Heft A: S. 22, 23

Silbenarbeit (Piloten markieren und Silbenbögen setzen); Wörter mit und ohne Silbenlücke lesen und verbinden; Situation erfassen; Lesetraining anhand von Karis Speisen durchführen, eigene Speise aufschreiben und in Karis Einkaufskorb malen; den Einkauf aufschreiben

STOPP

In jeder Silbe ist ein Pilot (Vokal)

Sonderstellung des Vokals in der Silbenstruktur anhand der oberen Ufos entdecken: „Kein Silben-Ufo fliegt ohne Pilot!"; Bilder unter den Piloten benennen und mit dem richtigen *Piloten* (Vokal) verbinden; **Sprache untersuchen**

• AH / AH Fö: S. 48
• Wir-Heft A: S. 24, 25

 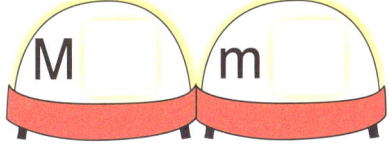

 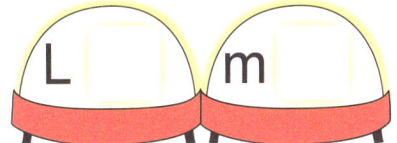

 L _ m

• AH / AH Fö: S. 48
• Wir-Heft A: S. 24, 25

Sonderstellung des Vokals anhand der oberen zwei Ufos für die offene Silben erfassen, dann auf Wörter übertragen; Vokale in die Ufos schreiben und die Wörter lesen; Gleichheit der Vokal- und Silbenanzahl eines Wortes herausarbeiten; **Sprache untersuchen**

W w

Wa	wu
We	wi
Wi	we
Wu	wa

ma le
Wa le
Ma wa
U we

Uwe
Wale
male
Mawa

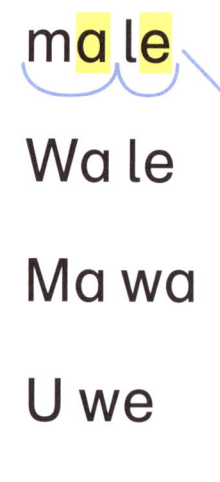

über das Bild sprechen, **Sprechen und Zuhören**; Minibilder und weitere Wörter mit W w finden, einkreisen und in Silben schwingen; Vorentlastung unten: Silbenarbeit (Piloten markieren, mit Silbenbögen lesen), Silben/Wörter mit und ohne Silbenlücke lesen und verbinden; danach Wörter im Bild lesen

• AH / AH Fö: S. 50–53
• Wir-Heft A: S. 26, 27

w 
o — **wo**

a 
m — **am**

i 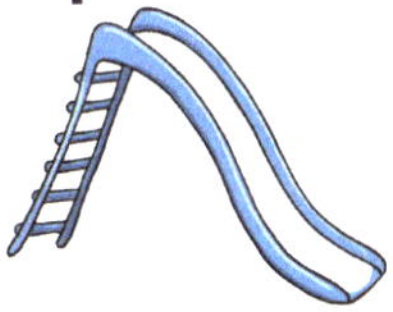
m — **im**

u 
m — **um**

O le am  ?

U we im ?

Ma wa am ?

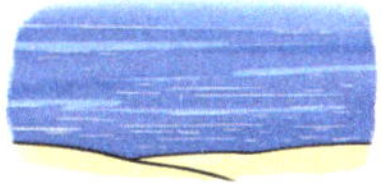

Wa le im ?

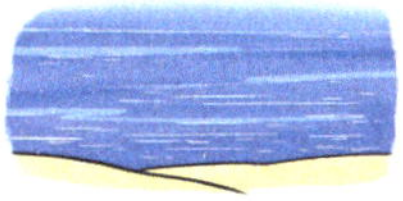

Ich male Wale.

wo

im

am

um

• AH / AH Fö: S. 50–53
• Wir-Heft A: S. 26, 27

Leserutschen zu den Ganzwörtern am, im und um (geschlossene Silbe) nachfahren, Wörter
schreiben; Piloten markieren und Silbenbögen setzen, Fragen mithilfe des Bildes auf S. 24
beantworten; zu Karis Aussage malen

25

La ra?

Sa ma ra?

Re mo!

Ar me La ra!

Ri	ru
Ru	re
Re	ra
Ra	ri

Sa ra	Rose
Ro se	lila
ro sa	Sara
li la	rosa

über das Bild sprechen, **Sprechen und Zuhören**; Minibilder und weitere Wörter mit R r finden, einkreisen und in Silben schwingen; Vorentlastung unten: Silbenarbeit (Piloten markieren, mit Silbenbögen lesen), Silben/Wörter mit und ohne Silbenlücke lesen und verbinden; danach Wörter im Bild lesen

- AH / AH Fö: S. 54–57
- Wir-Heft A: S. 28, 29

 **Male rosa.**

Wo?

Wo ist Sara?

Sara ist im .

Ist es rosa?

Ist es lila?

Es ist 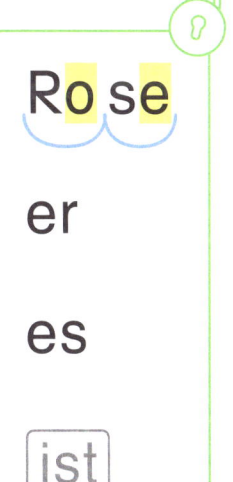.

Ro se

er

es

ist

• AH / AH Fö: S. 54–57
• Wir-Heft A: S. 28, 29

zu Bus Aussage malen; Silbenarbeit (Piloten markieren und Silbenbögen setzen);
Fragen/Sätze lesen und mündlich beantworten; dazu malen; Ganzwort *ist* kennenlernen

27

F f

Fa ro!

Fi	fu
Fo	fo
Fu	fi
Fe	fe

So fa	Ufo
Mo fa	Faro
U fo	Sofa
Fa ro	Mofa

über das Bild sprechen, **Sprechen und Zuhören**; Minibilder und weitere Wörter mit F f finden, einkreisen und in Silben schwingen; Vorentlastung unten: Silbenarbeit (Piloten markieren, mit Silbenbögen lesen), Silben/Wörter mit und ohne Silbenlücke lesen und verbinden; danach Wörter im Bild lesen

• AH / AH Fö: S. 58–61
• Wir-Heft A: S. 30, 31

Ist **Salome** am Sofa?

Ist **Ole** im ?

Ist **Momo** am ?

Wo ist Faro?

ich **ru fe**

ich le se

ich ma le

ich lo se

• AH / AH Fö: S. 58–61
• Wir-Heft A: S. 30, 31

Silbenarbeit (Piloten markieren und Silbenbögen setzen); Fragen beantworten (Smileys ankreuzen oder einkreisen); zu Karis Frage schreiben und/oder malen; Wörter aus dem Grundwortschatz lesen und mit Minibildern verbinden; QR-Code: Zuhörtext „Unsere saubere Schule"

N n

Ma ma │und│ Lu na ?

Nu	na	**an**	in	**Ne na**	Ne ro	Nele	Nero
No	no		nun	Ne le	Ru na	**Nena**	Runa
Na	**nu**		│und│				
Ne	ne						

über das Bild sprechen, **Sprechen und Zuhören**; Minibilder und weitere Wörter mit N n finden, einkreisen und in Silben schwingen; Vorentlastung unten: Silbenarbeit (Piloten markieren, mit Silbenbögen lesen), Silben/Wörter mit und ohne Silbenlücke lesen und verbinden; danach Wörter im Bild lesen; Ganzwort *und* kennenlernen

• AH / AH Fö: S. 62–65
• Wir-Heft A: S. 32, 33

ich **ru fe**

ich le se

ich ma le

wir ru fen

wir le sen

wir ma len

ich

wir

Wir ru fen un se re O ma an.

Runa und Ole lesen.

Nero und Nele malen.

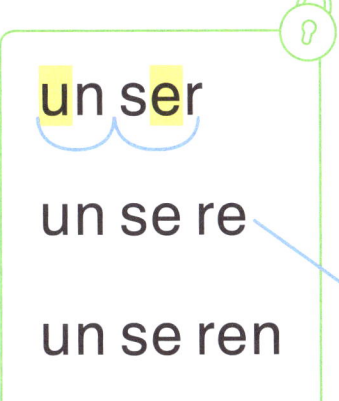

un ser

un se re

un se ren

Bu

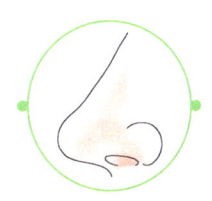

Na se

Na me

STOPP

• AH / AH Fö: S. 62–65, 67
• D Fö: 8–9
• Wir-Heft A: S. 32, 33

Verbformen kennenlernen und lesen; Silbenarbeit (Piloten markieren und Silbenbögen setzen); Sätze und Bilder verbinden; Fragen beantworten; Wörter aus dem Grundwortschatz lesen und mit Minibildern verbinden

Geschlossene Silben

mil

m i l

sen

s e n

Nun los!

n u n

u e

m l

o a

l s

u o

w r

i u

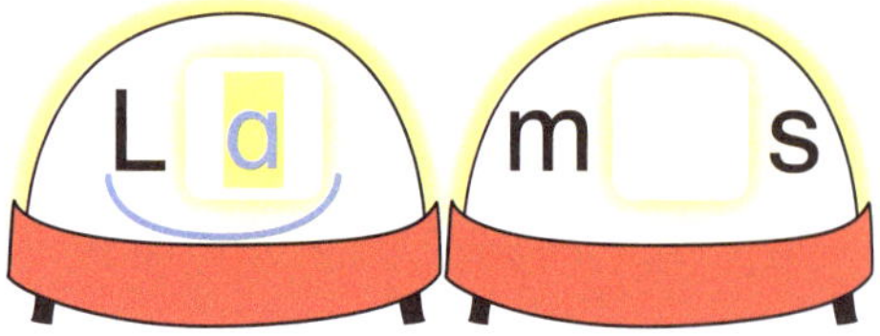

L a

m s

r

f n

32 Lautsynthese bei geschlossenen Silben (Konsonant-Vokal-Konsonant) anwenden; neue Silbenstruktur entdecken und mithilfe des Lese-Ufos, der Leserutsche und der Lautgebärden üben (nach
Möglichkeit praktisch und handlungsorientiert); fehlende Vokalte einsetzen; geschlossene Silben
laut lesen; **Lesen**

• AH / AH Fö: S. 66
• Wir-Heft A: S. 34, 35

Das **e** versteckt sich oft. Diesen Piloten kann ich oft schlecht hören.

So ist **es** richtig!

Wir maln.

Wir maln.

malen.

Wir maln.

U fer

In s l

Ro s n

le s n

Ma l r

Am s l

ma l n

E s l

Ra s n

• AH / AH Fö: S. 66
• Wir-Heft A: S. 34, 35

anhand der Bildfolge das stumme e in der letzten Silbe besprechen, Karis Merksatz lesen und besprechen, über Unterschiede gesprochener und geschriebener Sprache sprechen; das e in den Wörtern ergänzen, besondere Wortendungen -en, -el, -er kennenlernen; **Richtig schreiben**

T t

Wer mit wem?

Mo mo

Mat tis

Re na to

Ta ma ra

Sa lo me

To to

Ta	tu	mir	Tor te	Worte
Ti	ta	mit	Wor te	Tante
To	ti	Ton	Fo to	Foto
Tu	to	Tor	Tan te	Torte

über das Bild sprechen, **Sprechen und Zuhören**; Minibilder und weitere Wörter mit T t finden, einkreisen und in Silben schwingen; Vorentlastung unten: Silbenarbeit (Piloten markieren, mit Silbenbögen lesen), Silben/Wörter mit und ohne Silbenlücke lesen und verbinden; danach Wörter im Bild lesen

• AH / AH Fö: S. 68–73
• Wir-Heft A: S. 36, 37

ich **ru fe**

ich **ra te**

ich **ret te**

ich **es se**

wir **ruf**en

wir **rat**en

wir **rett**en

wir **ess**en

Was essen wir?

Wir essen Ta su mi-Torte.

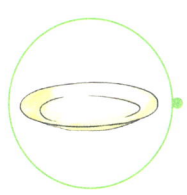

Mut ter

Tel ler

Ta fel

Te le fon

• AH / AH Fö: S. 68–73
• Wir-Heft A: S. 36, 37

Flexion von Verben und Verbendung in der ich- und wir-Form besprechen, **Sprache untersuchen**; Silbenarbeit, **Lesen**; Wörter aus dem Grundwortschatz lesen und mit Minibildern verbinden

Au au

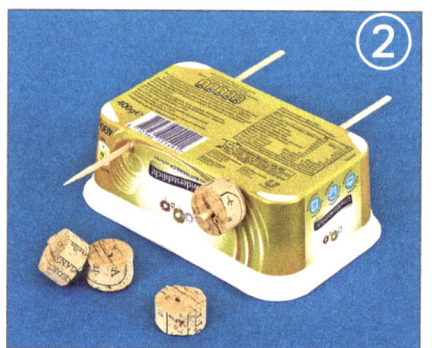

Au tos!

Au tos sau sen.

Autos sausen laut.

Autos sausen laut los.

Au	rau
Tau	au
Rau	tau
Mau	mau

über die Bauanleitung sprechen, Material klären, **Sprechen und Zuhören**; Vorentlastung unten: Silbenarbeit (Piloten markieren, mit Silbenbögen lesen), Silben lesen und verbinden; danach Treppensatz lesen

• AH / AH Fö: S. 74–77
• Wir-Heft A: S. 38, 39

auf	wir lau fen	Au to
aus	wir ren nen	laut
raus	wir sau sen	Maus
rauf	wir ru fen	Raum

Au to ren nen

Al le Au tos ra sen los!

Mattis und Lulu rufen laut.

Alis Auto ist Nummer 1.

Male Alis Auto.

• AH / AH Fö: S. 74–77
• Wir-Heft A: S. 38, 39

Silbenarbeit, Wörter lesen; Flexion von Verben und Verbendung in der ich- und wir-Form besprechen; **Sprache untersuchen**; danach Text lesen, über Alis Auto schreiben und/oder dazu malen

Ei ei

Ein Test

Im Ei mer ist Was ser.

Im Wasser ist ein Ei.

Im Wasser ist eine Seife.

Teste weitere Teile.

Ei

Seife

Ei	wei	Test	Seife
Wei	lei	Was ser	weitere
Lei	sei	Sei fe	Test
Sei	ei	wei te re	Wasser

Vorentlastung unten: Silbenarbeit (Piloten markieren, danach mit Silbenbögen lesen), Silben/Wörter mit und ohne Silbenlücke lesen und verbinden; dann den Text lesen und dazu das Bild besprechen; ankreuzen, ob der Gegenstand sinkt oder schwimmt; Experiment durchführen

• AH / AH Fö: S. 78–81
• Wir-Heft A: S. 40, 41

ein	ich rei se	Ei mer
eine	ich rei te	mein
einer	ich wei ne	Seil
einem	ich tes te	Sei te

Enten-Ei

Amsel-Ei

Meisen-Ei

Au / au?
Ei / ei?
Au wei a!

 ein Au to

 ein ____ s

 eine L___ ter

 eine M___ s

 ein _____

 ein ___ mer

STOPP

39

• AH / AH Fö: S. 78–81, 83
• D Fö: 10–11
• Wir-Heft A: S. 40, 41

Silbenarbeit, Wörter lesen; über die Vogeleier sprechen und die Größe ausmessen; Artikel (ein/eine) kennenlernen, **Sprache untersuchen**; Zwielaute *Au/au* und *Ei/ei* zuordnen und schreiben, **Richtig schreiben**

Mitsprechbare Doppelkonsonanten

Ritter

Tasse   Sonne   rennen

Ritter   wollen   Watte

essen

Wasser

Welle

Nase

sollen

lesen

Sommer

rufen

40

Doppelkonsonanz durch deutliches silbisches Sprechen beim Lesen hörbar machen, visuell wahrnehmen („Zwillingsbuchstaben") und einkreisen, Silbenbögen setzen; Wörter mit und ohne Doppelkonsonanz lesen und schwingen, Doppelkonsonanten einkreisen und mit der Zwillinge-Kiste verbinden, **Sprache untersuchen**

• AH / AH Fö: S. 82
• Wir-Heft A: S. 42, 43

offen

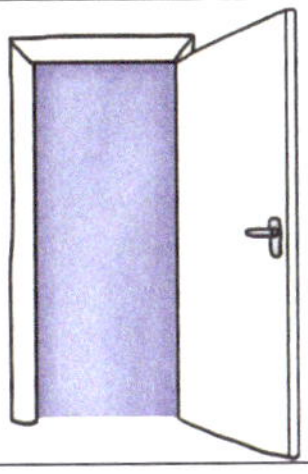

Ofen

	ss	s
	ss	s
	ll	l

Schwingen hilft!

	tt	t
	tt	t
	ff	f

Tasse   Ritter   Nase

Maler   Ente   Affe

• AH / AH Fö: S. 82
• Wir-Heft A: S. 42, 43

Wörter mit und ohne Doppelkonsonanz silbisch sprechen und schwingen, die Doppelkonsonanz getrennt hörbar machen; ggf. Korrektur durch L-Sprechvorbild; Silbenbögen setzen und doppelte Konsonanten einkreisen, **Richtig schreiben**

41

H h

Wir **hel** **fen**!

Im Haus hel fen al le mit.

Ole und Momo holen Tassen.

Hasso wartet.

Ha	ho		Haus		Hasso
Ho	hau		Tas se		wartet
He	ha		Has so		Tasse
Hau	he		war tet		Haus

über das Bild sprechen, **Sprechen und Zuhören**; Minibilder und weitere Wörter mit H h finden, einkreisen und in Silben schwingen; Vorentlastung unten: Silbenarbeit (Piloten markieren, mit Silbenbögen lesen), Silben/Wörter mit und ohne Silbenlücke lesen und verbinden; danach den Text lesen

• AH / AH Fö: S. 86–89
• Wir-Heft A: S. 44, 45

Heim

Heft

Haut

Hut

ich **hal te**

ich ho le

ich hel fe

ich war te

wir helfen

wir holen

wir warten

wir halten

Wo ist Oma?

Wo ist Hasso?

Wo ist Ole?

Alle helfen mit! Und du?

Haus

Him mel

Ha se

Ham mer

• AH / AH Fö: S. 86–89
• Wir-Heft A: S. 44, 45

Silbenarbeit; Flexion von Verben und Verbendung in der ich- und wir-Form besprechen und richtig verbinden, **Sprache untersuchen**; Fragen lesen und mündlich beantworten; Wörter aus dem Grundwortschatz lesen und mit Minibildern verbinden

 # D d

Der Hort

Das Wet ter ist warm.

Salome und Dora

laufen auf Dosen.

Dennis findet die Federn.

Wer hat die 2 Hunde?

Da	dau	Wet ter	die Do sen		
Dau	dei	Den nis	die Fe dern		
Do	da	Dau men	die Hun de		
Dei	do	Di no	die Er de		

über das Bild sprechen, **Sprechen und Zuhören**; Minibilder und weitere Wörter mit D d finden, einkreisen und in Silben schwingen; Vorentlastung unten: Silbenarbeit (Piloten markieren, mit Silbenbögen lesen), Silben/Wörter mit und ohne Silbenlücke lesen; danach Wörter im Bild lesen; Ganzwort *die* kennenlernen

• AH / AH Fö: S. 90–93
• Wir-Heft A: S. 46, 47

der	ich **la de**	wir reden
die	ich fin de	wir laden
das	ich re de	wir laufen
du	ich lau fe	wir finden

Wer ist im Haus?

Den nis und A din re den.

Wo ist Dana?

Dana ist im tollen Haus.

Alle wollen in das Haus.

Was ist in der Dose?

• AH / AH Fö: S. 90–93
• Wir-Heft A: S. 46, 47

Silbenarbeit; Flexion von Verben und Verbendung in der ich- und wir-Form besprechen und richtig verbinden, **Sprache untersuchen**; über die Bilder sprechen und den Text lesen, Fragen mündlich beantworten, in die Dose malen, was die Kinder essen;

 **Sch sch**

Men schen

Al le se hen an ders aus.

Alle Menschen essen etwas anderes:

Fisch, Fleisch, Reis, Linsen oder Nudeln.

scha	schra	se hen	Fleisch
schu	schlu	an ders	sehen
sche	schwe	Fleisch	Linsen
scho	schlo	Lin sen	anders

über das Bild sprechen, **Sprechen und Zuhören**; Wörter mit Sch sch finden; Vorentlastung unten: Silbenarbeit (Piloten markieren, mit Silbenbögen lesen), Silben/Wörter mit und ohne Silbenlücke lesen und verbinden; Text lesen, danach Wörter aus dem Text mit Minibildern verbinden

• Fibel Fö: S. 60–61 (Konsonantenhäufungen)
• AH / AH Fö: S. 94–97
• Wir-Heft A: S. 48, 49

ich **schnei de**

ich schla fe

ich du sche

ich schwim me

wir schlafen

wir duschen

wir schwimmen

wir schneiden

Menschen lernen

Men schen ler nen in der Schu le.

Dort lernen die Menschen eine Schrift.

Alle Schulen sehen

anders aus.

das Schaf

der Fisch

der Tisch

die Schule

• AH / AH Fö: S. 94–97, 99
• D Fö: 12–13
• Wir-Heft A: S. 48, 49

Silbenarbeit, Wörter lesen; Verben in der ich- und wir-Form richtig verbinden, **Sprache untersuchen**; Text lesen und über die Fotos sprechen; QR-Code: Zuhörtext „Außerirdische Schulfächer"

Musch schel?

sch sch?

Schau so!

Muschel

Dusche

Tische

waschen

duschen

rutschen

naschen

Möglichkeit des Kreuzbogens beim *sch* im Silbengelenk anhand des Bildes thematisieren; Silbenarbeit; Sprechrhythmus von Wörtern mit/ohne Kreuzbogen durch Nachspuren (Finger) erfassen; **Sprache untersuchen**; QR-Code: Erklärvideo „Kreuzbogen"

• AH / AH Fö: S. 98

der Himmel

die Sonne

das Wasser

die Tafel

die Ente

der Eimer

der Hase

das Lama

das Eis

der Tisch

das Auto

die Frau

der **die** **das**

  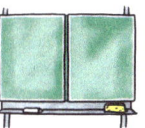

• AH / AH Fö: S. 98

die bestimmten Artikel zu Nomen kennenlernen, Silbenarbeit, Wörter lesen; Minibilder mit den richtigen Artikeln verbinden, **Sprache untersuchen**;

49

Nomen schreibe ich groß

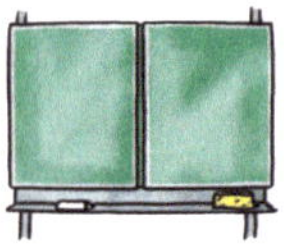

Anfassen!

Tafel

ose

isch

lasche

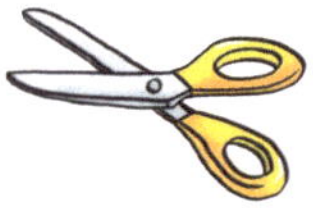

ere

mer

Großschreibung von Nomen (Konkreta, Substantive) handelnd kennenlernen; Merkmal „Nomen kann ich anfassen." erarbeiten; Nomen im Bild einkreisen oder im Klassenraum finden und benennen; Nomen aufschreiben, **Richtig schreiben**

• AH / AH Fö: S. 98
• Wir-Heft A: S. 50, 51

Es ist rot.

Ist es die Laterne?

Name 		
L	Lara	Lama	Laterne
M			Murmel
A			Auto
H			

• AH / AH Fö: S. 98
• Wir-Heft A: S. 50, 51

durch „Ich sehe was, was du nicht siehst" Merkmale von Nomen (Konkreta, Substantive) erweitern und Oberbegriffen (Menschen/Namen, Tiere, Gegenstände) zuordnen; abgebildete Gegenstände zuordnen und erweitern (Spiel verstehen und fortsetzen), **Richtig schreiben**

 **Ü ü**

Kari und Bu sind daheim

Hallo! O nein:
Üllü, meine ich.

Üllü, Üllü!

Üllü Mama!
Wir sind da!

Das müssen
wir feiern!

Schau Bu!
Alle sind da!

Was für eine
tolle Feier!

Wir sind müde.
Alle müssen schlafen.

Schade!

52 Überschrift und vorentlastete Sprechblase gemeinsam lesen, über die Bedeutung des Wortes „Üllü" sprechen, **Sprechen und Zuhören**; Wörter mit Ü ü finden, Ganzwort *sind* kennenlernen; Vorentlastung: Silbenarbeit (Piloten in den Sprechblasen markieren, mit Silbenbögen lesen), Sprechblasen lesen; den Comic szenisch nachspielen

• AH / AH Fö: S. 100–101
• Wir-Heft A: S. 52, 53

T**ür**

für

fünf

sind

---

da heim

Ül lü

Mün der

Mons ter

---

wir **fei** ern

wir müs sen

wir dür fen

wir schla fen

Sind d**a** Monster mit 5 Mündern? ☺ ☹

Sind da Monster mit 2 Hüten? ☺ ☹

Sind da Tüten mit Eis? ☺ ☹

Ist Karis Haus ein Würfel? ☺ ☹

Üllü!

Male für Kari ein Monster.

der **Wür** **fel**

die Tü te

die Müt ter

die Hü te

• AH / AH Fö: S. 100–101
• Wir-Heft A: S. 52, 53

Silbenarbeit, Wörter lesen; Fragen beantworten (Smileys ankreuzen oder einkreisen); zu Bus Auftrag malen

Der Grüffelo

Der Uhu und die Schlange

wollen die Maus gern fressen.

Darum erfindet die Maus

den gemeinen Grüffelo.

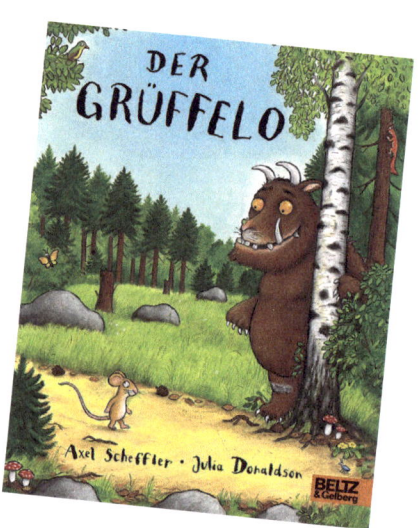

Da ist auf einmal ein Gast im Garten.

Ist das der gemeine Grüffelo?

Ge	gu	Gre	grei
Gu	ge	Gru	gre
Gei	gü	Grü	grü
Gü	gei	Grei	gru

Grüf fe lo
Schlan ge
er fin det
ge mei nen

über das Buchcover sprechen, **Sprechen und Zuhören**; Wörter mit G g finden Vorentlastung unten:
Silbenarbeit (Piloten markieren, mit Silbenbögen lesen), Silben/Wörter mit und ohne Silbenlücke
lesen und verbinden; danach den Text lesen

• AH / AH Fö: S. 102–105
• Wir-Heft A: S. 54, 55

gut

gern

Gast

Gras

li la

grün

grau

rot

ges tern

das Ge mü se

der Gar ten

ge gen

Der Grüf fe lo

hat grau e Hau er.

Die graue Maus

ist im Garten.

Die rote Schlange

ist im grünen Gras.

Der Uhu

hat graue Federn.

(gekürzt, verändert)

Axel Scheffler

• AH / AH Fö: S. 102–105   Silbenarbeit, Wörter und Sätze lesen; Sätze und Bilder verbinden; Bilder passend anmalen
• Wir-Heft A: S. 54, 55

55

 # Z z

Im Zimmer

Wir sind zu sam men

in mei nem Zim mer.

Zuerst malen wir

Herzen auf einen Zettel.

Wir würden gern zwei Filme sehen.

Mama meint: „Nein!" Lan ge wei le, Langeweile!

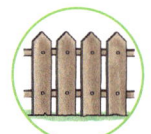

Za	zau	zu sam men	das Zim mer
Zau	zi	zu erst	die Wur zel
Zi	za	Zet tel	die Zeit
Zei	zei	Lan ge wei le	die Her zen

über das Bild sprechen, **Sprechen und Zuhören**; Minibilder und weitere Wörter mit Z z finden, einkreisen und in Silben schwingen; Vorentlastung unten: Silbenarbeit (Piloten markieren, mit Silbenbögen lesen), Silben/Wörter mit und ohne Silbenlücke lesen und verbinden; danach den Text lesen

• AH / AH Fö: S. 106–109
• Wir-Heft A: S. 56, 57

zu
zum
zwei
zur

die Zan ge
die Zun ge
der Zaun
die Ze hen

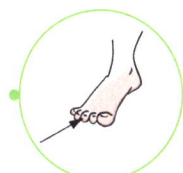

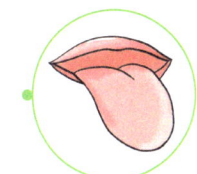

Langeweile? Wir zelten im Weltraum.

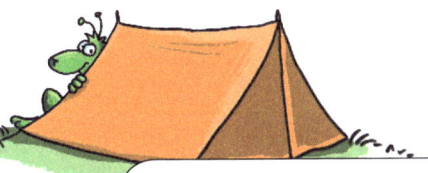

Ich zelte im roten Zelt.
Und du zeltest im grünen Zelt.

ich lerne
du lernst
wir lernen

ich male
du malst
wir malen

ich hole
du
wir

• Fibel Fö: 88 (Verbformen)
• AH / AH Fö: S. 106–109
• Wir-Heft A: S. 56, 57

Silbenarbeit; Wörter aus dem Grundwortschatz lesen und mit Minibildern verbinden; Text in verteilten Rollen lesen; Zelt ausmalen; Flexion von Verben und Verbendungen in der ich-, du- und wir-Form wiederholen/besprechen; Verbformen bilden und aufschreiben, **Sprache untersuchen**

57

 # B b

Der Zauber

Zau be rer Bal bo ist ein sam.

Also holt er seinen

Zauberhut.

Er zaubert gelbe Tauben.

Beide Tauben bauen im

Bananen-Baum ein Nest.

be	Bil	Blu	brü	Bal bo
ba	Bal	Bla	blu	Zau be rer
bo	Bol	Brü	brau	Tau ben
bu	Bel	Brau	bla	Ba na nen

über das Bild sprechen, **Sprechen und Zuhören**; Minibilder und weitere Wörter mit B b finden, einkreisen und in Silben schwingen; Vorentlastung unten: Silbenarbeit (Piloten markieren, mit Silbenbögen lesen), Silben/Wörter mit und ohne Silbenlücke lesen und verbinden; danach den Text lesen; Tauben passend anmalen

• AH / AH Fö: S. 110–113
• Wir-Heft A: S. 58, 59

Die **Zauberbrause**

Zau be rer Bal bo mischt Zu ta ten

für ei ne be son de re Brau se.

In einer braunen Schüssel

blubbern blaue Blasen.

Es zischt und brodelt.

Die Schüssel und der Tisch

beben. Balbo ruft:

„Hilfe! Was nun?"

der Ne bel

die Far be

die Blu me

der Bus

Zu ta ten

be son de re

blub bern

bro delt

grü ne

brau ne

blau e

gel ber

Bla sen

Wol ken

Ne bel

Schüs sel

• AH / AH Fö: S. 110–113, 115
• D Fö: 14–15
• Wir-Heft A: S. 58, 59

Silbenarbeit, Wörter lesen; Silbenarbeit am Text, Text lesen, Vermutungen zum Ende der Geschichte austauschen, **Sprechen und Zuhören**; Blasen passend anmalen, Farben passend zum Text verbinden

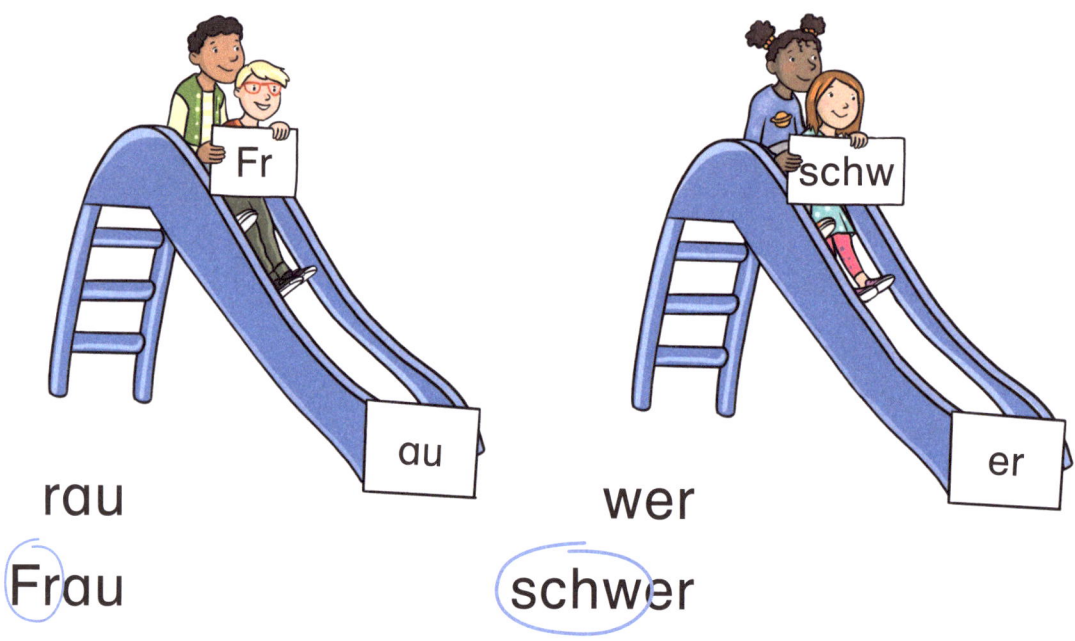

rau

Frau

wer

schwer

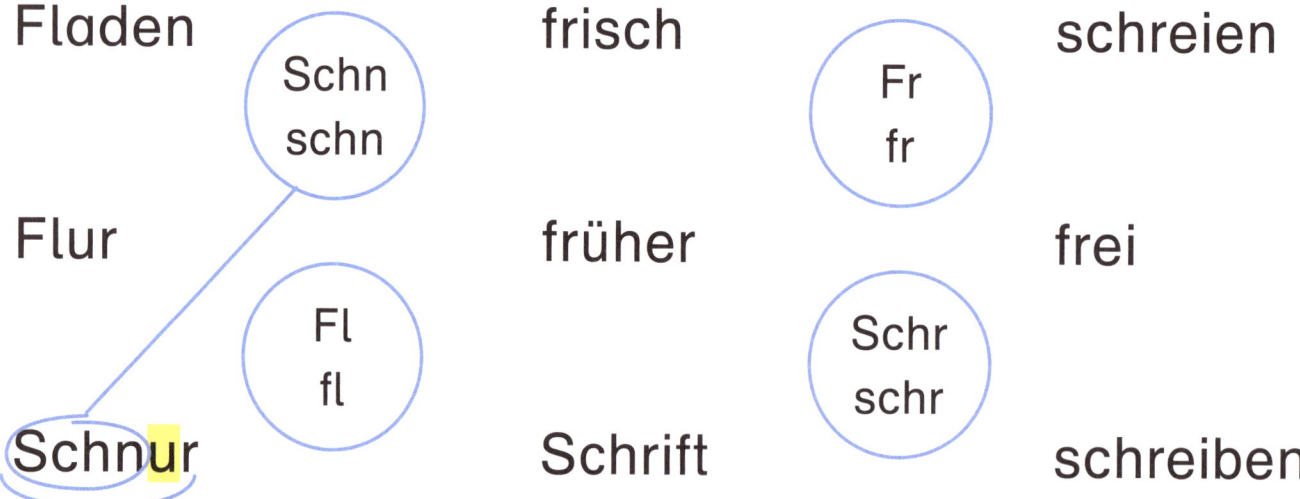

Fladen

Flur

Schnur

Schn
schn

Fl
fl

frisch

früher

Schrift

Fr
fr

Schr
schr

schreien

frei

schreiben

Wörter lesen und vergleichen; Situation beschreiben; Cluster mit Konsonantengruppen finden und
einkreisen; als Einheit sprechen/lesen/wahrnehmen; beim Schreiben deutlich mitsprechen; **Lesen**;
Richtig schreiben

• AH / AH Fö: S. 114

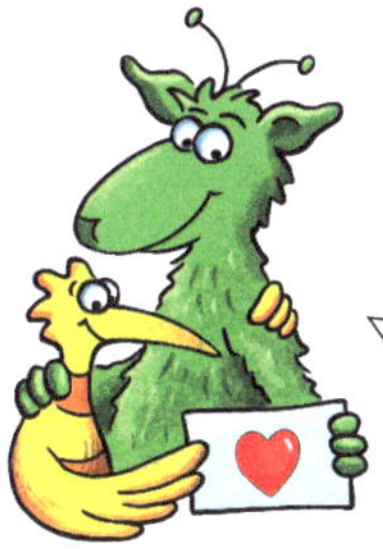

rennen   Ruder

trennen   Bruder

Wir zwei bleiben zusammen!

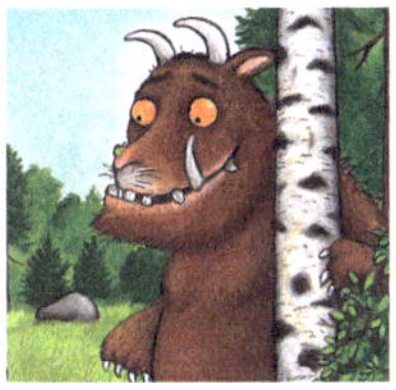

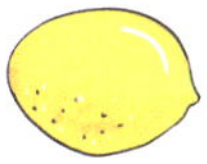

Grüf   lo   fe

tro   Zi   ne

Blume   bluten   trinken

Br
br

Gr
gr

Brot   Treppe   trommeln

Bl
bl

Tr
tr

braun   Gras   grün

Wörter lesen und vergleichen; Konsonantenhäufungen mit Plosivlauten deutlich mitsprechen;
in Wörtern finden und einkreisen, zu passendem Cluster verbinden; als Einheit lesen/sprechen/
wahrnehmen; Wörter mit Konsonantenhäufung passend zu den Bildern schreiben; **Richtig schreiben**

 **ie**

Tiere auf der Wiese

Zie gen lie gen im Gras.

Fliegen summen umher.

Amseln ziehen an Würmern.

Blumen sind Futter für die Bienen.

Bienen lieben rosa Flieder.

fie	**schnie**	**Zie gen**	**um her**
lie	schnei	Flie gen	Wür mern
fei	trie	Bie nen	Blu men
lei	trei	Flie der	Fut ter

über das Bild sprechen, **Sprechen und Zuhören**; Minibilder und weitere Wörter mit ie finden, einkreisen und in Silben schwingen; Vorentlastung unten: Silbenarbeit (Piloten markieren, mit Silbenbögen lesen), Silben/Wörter mit und ohne Silbenlücke lesen; danach den Text lesen

• AH / AH Fö: S. 116–119
• Wir-Heft A: S. 60, 61

sie	wir lie gen	die Tiere
wie	wir zie hen	die Fliege
nie	wir lie ben	die Biene
die	wir flie gen	die Briefe

Rettet die Bienen!

Bienen lieben Wiesen.

Bienen lieben Zwiebeln.

Bienen lieben Flieder.

Was lieben die Bienen?

• AH / AH Fö: S. 116–119
• Wir-Heft A: S. 60, 61

Silbenarbeit, Wörter lesen; über das Bild sprechen und Aussagen lesen; Frage beantworten (Smileys ankreuzen/einkreisen)

 # K k

Im Keller

„Kar la, bit te ge he
in den Kel ler!
Hole die Dose mit den Keksen!"
Karla eilt in den Keller.
Es ist dunkel und kalt.
Auf einmal raschelt es
in einer Kiste.

Kau	kei	Klei	Kar la	Kiste
Ko	kie	Kla	Kek se	Karla
Kei	kau	Kle	dun kel	Kekse
Kie	ko	krie	Kis te	dunkel

64
über das Bild sprechen, **Sprechen und Zuhören**; Minibilder und weitere Wörter mit K k finden, einkreisen und in Silben schwingen; Vorentlastung unten: Silbenarbeit (Piloten markieren, mit Silbenbögen lesen), Silben/Wörter mit und ohne Silbenlücke lesen und verbinden; danach den Text lesen

• AH / AH Fö: S. 120–123
• Wir-Heft A: S. 62, 63

kalt

klein

krank

kein

wir kom men

wir kau fen

wir kle ben

wir trin ken

die Krone

die Musik

der Koffer

das Geschenk

Was ist in der Kiste?

Sind da kleine Tiere?

Hilfe!

• AH / AH Fö: S. 120–123

• Wir-Heft A: S. 62, 63

Silbenarbeit, Wörter lesen; zum möglichen Kisteninhalt schreiben und/oder malen

Papageien

Al le Pa pa gei en sind im Park.

Die Aras und Loris haben bunte Federn.

Die Loris fliegen über die Palme.

Die grauen Papageien

planschen im Wasser.

Andere Papageien plappern pausenlos.

Pau	pei		Pa pa gei en		plappern
Pei	pe		plan schen		pausenlos
Pu	pau		plap pern		planschen
Pe	pu		pau sen los		Papageien

über das Bild sprechen, **Sprechen und Zuhören**; Minibilder und weitere Wörter mit P p finden, einkreisen und in Silben schwingen; Vorentlastung unten: Silbenarbeit (Piloten markieren, mit Silbenbögen lesen), Silben/Wörter mit und ohne Silbenlücke lesen und verbinden; danach den Text lesen

• AH / AH Fö: S. 124–127
• Wir-Heft A: S. 64, 65

wir pla nen

wir plan schen

wir klap pern

wir plau dern

die Puppe

die Pommes

die Raupe

der Pinsel

Ist Bu auch ein Papagei?

Aras haben bunte Federn.

Loris fliegen über die Palme.

Bunte Papageien planschen
im Wasser.

ich parke	ich plan_____	ich trink_____
du parkst	du plan_____	du trink_____
wir parken	wir plan_____	wir trink_____

• Fibel Fö: 88 (Verbformen)
• AH / AH Fö: S. 124–127
• Wir-Heft A: S. 64, 65

Silbenarbeit, Wörter lesen; Aussagen lesen, Fragen beantworten (Smileys ankreuzen/einkreisen);
Flexion v. Verben u. Verbendungen in der ich-, du- u. wir-Form wdh.; Verben in den drei
Personalformen flektieren; Sprache untersuchen; QR-Code: Zuhörtext „Ein unerwarteter Gast"

67

  **J j**

Junge Hunde

Im Ja nu ar kom men Pa pa und Ma ma
mit klei nen Wel pen in das Haus.
Die jungen Hunde jaulen.

Jonas und Ronja jubeln:
„Junge Hunde!" Papa meint:
„Das sind Jule und Maja."

Ju	jo
ja	Jau
Jo	ju
jau	Ja

Ja nu ar
Wel pen
jau len
ju beln

kleine Welpen
junge Hunde
Welpen jaulen
Kinder jubeln

über die Bilder sprechen, **Sprechen und Zuhören**; Wörter mit J j finden; Vorentlastung unten:
Silbenarbeit (Piloten markieren, mit Silbenbögen lesen), Silben/Wörter mit und ohne Silbenlücke
lesen und verbinden; danach den Text lesen

• AH / AH Fö: S. 128–131
• Wir-Heft A: S. 66, 67

der Juni
der Juli
der Junge

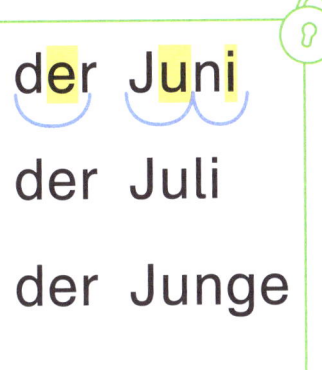

Juni mit ie?

Nein, nur mit i,
wie bei Kari!

wir jau len
wir ju beln
wir jam mern

Seit Januar sorgen Jonas und Ronja
für Maja und Jule. Bis Juni gehen
die jungen Hunde in die Hundeschule.
Seit Juli laufen sie gut an der Leine.

Was ♥ Hunde?

Sitz! Platz!

• AH / AH Fö: S. 128–131, 133
• D Fö: 16–17
• Wir-Heft A: S. 66, 67

Silbenarbeit, Wörter lesen; Sprechblasen zur Besonderheit von Wörtern mit /i/ am Ende der
offenen Silbe thematisieren; Silbenarbeit am Text, Text lesen, über die Bilder sprechen; Bus Frage
beantworten (schreiben und/oder malen)

STOPP
69

Wörter mit ie schwingen

 R **ie** se

 Sch **i** r me

 B **ie** ne

 B **i** l d e r

 Fl **ie** ge

 W **i** n ter

 Sch ▢ nen

 K ▢ nder

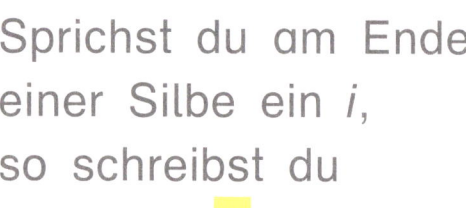 Sprichst du am Ende einer Silbe ein *i*, so schreibst du meistens **ie**.

 L ▢ ge

 T ▢ re

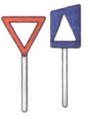 Sch ▢ lder

Wörter mit *ie* und *i* silbentrennend sprechen und schwingen, um das /i/ am Ende der offenen Silbe (mehrheitliche Verschriftung als ie) im Vergleich zum /i/ in der geschlossenen Silbe wahrnehmbar zu machen; Silbenbögen setzen; *ie* oder *i* ergänzen; **Richtig schreiben**

• AH / AH Fö: S. 132

 **ie** oder  **i** ?

 D_ie_be

 B**i**rne

 R___tter

 s___ben

 Z___ge

 Zw___bel

 W___se

 B___ne

Mein Name ist eine Ausnahme.

 Kar**i**

Dino auch!

 D**i**no

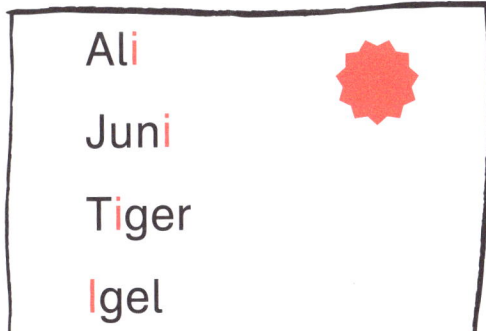

Al**i**

Jun**i**

T**i**ger

Igel

Wörter zu den Bildern silbentrennend sprechen, Wörter mit ie für die offene Silbe bzw. i für die geschlossenen Silbe schreiben; Silbenarbeit; Merkschreibung i in der offenen Silbe (z. B. Tiger) thematisieren; Richtig schreiben

Was ist ein Satz?

Was ist ein Satz?

Ein Satz erzählt
eine kleine Geschichte.

Bu | malt | .

Bu | malt | Bilder | .

Bu | malt | Bilder | aus | .

erste Einsichten in einfache Satzstrukturen erwerben (ein Satz besteht aus mehreren Wörtern/ „Wortbausteinen"), Treppensätze lesen und vergleichen; **Sprache untersuchen**

• AH / AH Fö: S. 132
• Wir-Heft A: S. 72, 73

Starte groß.

A
alle Papageien sind im Park.

Alle Papageien sind im Park.

Punkt

die Aras haben bunte Federn

sie fliegen auf eine Palme

wir plappern pausenlos

Hat es bei euch gefunkt?
Am Ende ist ein Punkt .

• AH / AH Fö: S. 132
• Wir-Heft A: S. 72, 73

erste Einsichten in einfache Satzstrukturen erwerben („Den Satzanfang schreibe ich groß.",
Satzschlusszeichen Punkt); Sätze lesen und vergleichen; Sätze richtig aufschreiben;
Sprache untersuchen

Ch ch

In der Bücherei

Die 1a besucht die Bücherei.

Die Leiterin Frau Bach meint:

„Bitte achtet darauf, leise zu sein!"

Die Kinder schleichen.

Alle dürfen sich Bücher ausleihen.

Sachen   suchen

Ach	och	be su chen	achten
Auch	ich	ach ten	suchen
Och	auch	schlei chen	besuchen
Ich	ach	su chen	schleichen

über das Bild sprechen, **Sprechen und Zuhören**; Wörter mit Ch ch finden; Vorentlastung unten:
Silbenarbeit (Piloten markieren, mit Silbenbögen lesen), Silben/Wörter mit und ohne Silbenlücke
lesen und verbinden; danach den Text lesen; Kreuzbogen bei Wörtern mit *ch* thematisieren;
eine Bücherei besuchen und Medien auswählen

• AH / AH Fö: S. 134–137
• Wir-Heft A: S. 70, 71

sich
nach
durch

wir la chen
wir rech nen
wir rie chen

nicht
das Buch
der Koch

Ich helfe dir in der Bücherei.

Welche Bücher findest du gut?

• AH / AH Fö: S. 134–137
• Wir-Heft A: S. 70, 71

Silbenarbeit; Wörter lesen; über Buchcover sprechen; zu Karis Frage in das leere Buchcover schreiben und/oder malen

 **Ö ö**

Eich hörn chen

Eich hörn chen su chen im mer Fut ter.

Mit guter Nase riechen sie das Futter.

Sie mögen:

Früchte, Eicheln, Eier, Körner,

Ha sel nüs se, Tan nen zap fen und Wal nüs se.

> Tol ler
> Klet te rer!

lö	Früch te	wir mö gen	der Löwe
lü	Ei cheln	wir hö ren	der Körper
lo	Kör ner	wir kön nen	böse

über das Buchcover sprechen, **Sprechen und Zuhören**; Wörter mit Ö ö finden; Vorentlastung unten: Silbenarbeit (Piloten markieren, mit Silbenbögen lesen), Wörter lesen; danach den Text lesen, Wörter aus dem Text mit Bildern verbinden

• AH / AH Fö: S. 138–139
• Wir-Heft A: S. 72

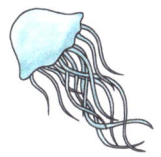

Qu qu

Ich spreche *kw*.
Ich schreibe
Qu oder **qu**.

Spiegelei-Qualle

Unter Wasser

Qual len sind weich

und ha ben kei ne Au gen.

Sie sehen wie Schirme aus.

Das Futter fangen sie mit Tentakeln.

Sie fressen Fische, Fischeier

und Krabben.

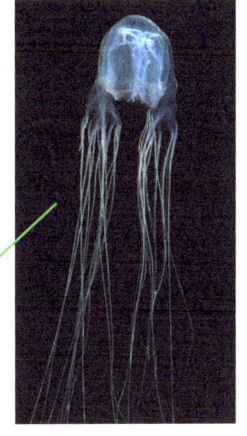

Tentakel

Seewespe

Qua	Schir me	wir quat schen	der Quark
Que	Ten ta kel	wir quie ken	die Qualle
Qui	Fisch ei er	wir quas seln	das Quadrat
Quo	Krab ben	wir quen geln	wir quaken

• AH / AH Fö: S. 140–141
• Wir-Heft A: S. 73

über die Fotos sprechen, **Sprechen und Zuhören**; Wörter mit Qu qu finden; Kopfzeile: Besonderheit der Aussprache thematisieren; Vorentlastung unten: Silbenarbeit (Piloten markieren, mit Silbenbögen lesen), Wörter lesen; danach den Text lesen

77

St st

Ich spreche *scht*.
Ich schreibe
St oder **st**.

Die Lesenacht

Die Kinder der 1a übernachten in der Schule.

Frau Sturm möchte ein Teleskop aufstellen.

Alle Kinder können durchschauen.

Steffen und Salome staunen

über die Sternbilder.

Sie sehen den „Kleinen Wagen".

Kleiner Wagen

sta	Teleskop	wir stehen	
stra	aufstellen	wir stören	die Stunde
Sto	durchschauen	wir streiten	der Stein
Stro	Sternbilder	wir staunen	die Stimme

über das Bild sprechen, **Sprechen und Zuhören**; Wörter mit St st finden; Kopfzeile: Besonderheit
der Aussprache thematisieren; Vorentlastung unten: Silbenarbeit (Piloten markieren, mit
Silbenbögen lesen), Wörter lesen; danach den Text lesen

• AH / AH Fö: S. 142–143
• Wir-Heft A: S. 74

Sp sp

Ich spreche *schp*.
Ich schreibe
Sp oder **sp**.

Spin nen-A larm

O! Ei ne Spin ne!

Wie findest du Spinnen?

Dieses Buch ist in te res sant!

Spinnen leben in der Natur

und in jedem Haus.

Sie springen, klettern, spielen

und spannen einen langen Faden.

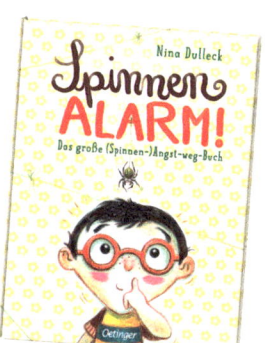

Spe	wir sprin gen	ich spiele	die Spinne
Spre	wir spie len	ich spanne	der Spiegel
spu	wir klet tern	ich springe	die Spiele
spru	wir span nen	ich klettere	wir sprechen

• AH / AH Fö: S. 144–145, 147
• D Fö: 18–19
• Wir-Heft A: S. 75

über die Bilder sprechen, **Sprechen und Zuhören**; Wörter mit Sp sp finden; Kopfzeile: Besonderheit der Aussprache thematisieren; Vorentlastung unten: Silbenarbeit (Piloten markieren, mit Silbenbögen lesen), Wörter lesen, Verben in der ich- und wir-Form richtig verbinden; danach den Text lesen

STOPP

79

Nomen weiterschwingen

Hund mit d am Ende?
Ich spreche doch ein t!

Hund

Ein Hund – zwei Hunde!
Schwinge weiter!

Hund

Hunde

 ein Hun__d__ zwei Hunde

 ein Mon___ zwei

 ein We___ zwei

 ein Zwer___ zwei

 ein Ber___ zwei

Bild betrachten und Problem (Auslautverhärtung) erkennen; Rechtschreibstrategie
(Weiterschwingen; oranger Stern) anhand der Beispiele nachvollziehen; Wörter weiterschwingen
und richtig aufschreiben (Zwerg kommt von Zwer-ge, deshalb Zwerg mit g); **Richtig schreiben**

• AH / AH Fö: S. 146

Warum **tt**?

ein Brett

Ein Bre**tt** – zwei Bre**tt**er! ✹
Einmal doppelt – immer doppelt!

ein Bre**tt** zwei **Bretter**

ein Schi____ zwei

ein Be____ zwei

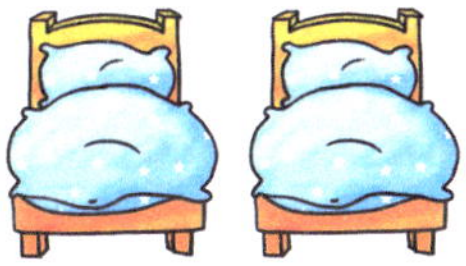

eine Nu____ zwei

ein Schlo____ zwei

• AH / AH Fö: S. 146

Problematik (Doppelkonsonanz am Wortende) erkennen; Mitsprechbarkeit durch das
Weiterschwingen herstellen (Mehrzahlbildung, oranger Stern); Wörter weiterschwingen und richtig
aufschreiben; **Richtig schreiben**

81

Eu eu

Eine Reise ins Heu

Wir be su chen mit O ma
und O pa ei nen Bau ern hof.
Dort sehen wir eine Eule
und neun Ferkel.

Zwei scheue Kater streunen
durch das Efeu.
Der Bauer steuert einen neuen Traktor.

Eu	Bau ern hof	Efeu	die Eule
Beu	Fer kel	Bauernhof	der Euro
steu	E feu	Traktor	die Freunde
kreu	Trak tor	Ferkel	heute

über das Bild sprechen, **Sprechen und Zuhören**; Wörter mit Eu eu finden und in Silben schwingen;
Vorentlastung unten: Silbenarbeit (Piloten markieren, mit Silbenbögen lesen), Silben/Wörter mit und
ohne Silbenlücke lesen und verbinden; danach den Text lesen

• AH / AH Fö: S. 148–151
• Wir-Heft A: S. 76, 77

Heu	wir schla fen	ich streune
scheu	wir schlum mern	ich schlafe
neu	wir steu ern	ich schlummere
neun	wir streu nen	ich steuere

Ne ben der Scheu ne sind Heu bal len.

Eugen und ich wollen im Heu schlafen.

Was für ein A ben teu er!

Ju chu, wir schlummern eine Nacht

im Heu!

O nein, ich habe Heuschnupfen.

Sind Eulen neben der Scheune?	*ja*	*nein*
Schlummern die Kinder im Heu?	*ja*	*nein*
Ist der Traktor alt?	*ja*	*nein*

• AH / AH Fö: S. 148–151
• Wir-Heft A: S. 76, 77

Silbenarbeit, Wörter lesen; Verben in der ich- und wir-Form richtig verbinden; Fragen zum Text beantworten (ja oder nein ankreuzen oder einkreisen); QR-Code: Zuhörtext „Auf dem Erlebnis-Bauernhof"

tz

Sprich diese Wörter genau aus,
so hörst du *t* und *z* gut raus:
Katzen Spatzen.

Die Katzen

Die kleinen Katzen

Die kleinen Katzen schmatzen.

Die Katzen schmatzen mit kleinen Spatzen.

Mit kleinen Spatzen schmatzen die Katzen.

schmatzen	wir sitzen	ich kratze	die Katze
Spatzen	wir putzen	ich sitze	die Hitze
Tatzen	wir kratzen	ich putze	die Spitze

über das Bild sprechen, **Sprechen und Zuhören**; Wörter mit tz finden, Karis Hinweis thematisieren;
Vorentlastung unten: Silbenarbeit (Piloten markieren, mit Silbenbögen lesen), Wörter lesen; Verben
in der ich- und wir-Form richtig verbinden; danach den Text lesen; Zungenbrecher schnell sprechen

• AH / AH Fö: S. 152–153
• Wir-Heft A: S. 78, 79

ck

Ich spreche *kk*.
Ich schreibe **ck**.

backen

Kekse backen

Kari möchte Kekse backen.

Die Planeten-Kekse schmecken

einfach lecker.

Zuerst muss er alle Zutaten

in den Automaten packen.

Nun muss er Zucker dazugeben.

Danach muss er einen Schalter drücken.

Schon kommen leckere Kekse heraus!

Planeten	wir backen	die Jacke
lecker	wir schmecken	der Rücken
Automaten	wir packen	der Zucker
Schalter	wir drücken	die Socke

• AH / AH Fö: S. 154–155
• Wir-Heft A: S. 80, 81

über das Bild sprechen, **Sprechen und Zuhören**; Wörter mit ck finden, unterschiedliche Sprech- und Schreibweise beim *ck* thematisieren; Vorentlastung unten: Silbenarbeit, Wörter lesen; danach den Text lesen; Planeten-Kekse ins Bild malen

85

Auf dem Pferdehof

Momo und Ali reisen

auf einen Pferdehof.

Die Kinder helfen

bei der Pflege der Pferde.

Sie striegeln und putzen die Tiere.

Danach setzen sie einen Helm

auf den Kopf und lernen

auf den Pferden zu reiten.

pfla	Pflege	wir helfen	der Pfeil
Pflau	Pferde	wir striegeln	der Kopf
Pfo	Tiere	wir setzen	die Pfote
pfei	Helm	wir dürfen	die Pflanze

über das Bild sprechen, **Sprechen und Zuhören**; Wörter mit Pf pf finden, Vorentlastung unten: Silbenarbeit (Piloten markieren, mit Silbenbögen lesen), Wörter lesen; danach den Text lesen

• AH / AH Fö: S. 156–157
• Wir-Heft A: S. 82

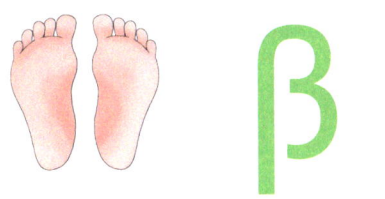

ß

Re gen auf dem Pfer de hof

Drau ßen hat es an ge fan gen zu gie ßen.

Außerdem ist die Wiese überflutet.

Die Kinder springen

in die großen Pfützen.

Danach haben sie nasse Füße.

Momo und Ali wollen Briefe schreiben.

Oma und Opa freuen sich

immer über Grüße.

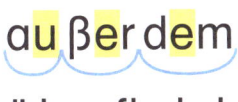 au ßer dem
über flu tet
Pfüt zen
Grü ße

wir gie ßen
wir sprin gen
wir hei ßen
wir schlie ßen

draußen
die Füße
große
die Straße

• AH / AH Fö: S. 158–159, 161
• D Fö: 20–21
• Wir-Heft A: S. 83

über das Bild sprechen, **Sprechen und Zuhören**: Wörter mit ß finden; Vorentlastung unten:
Silbenarbeit (Piloten markieren, mit Silbenbögen lesen), Wörter lesen; danach den Text lesen

Verbformen kennenlernen

Ich male.

Du malst.

Wir malen.

Ich male.
Ich lerne.
Ich warte.

Du malst.
Du lernst.
Du wartest.

Wir malen.
Wir lernen.
Wir warten.

Ich teil____.
Du teil____.
Wir teil____.

Achtung bei der du-Form!

st   est

Ich red____.
Du red____.
Wir red____.

erste Einsichten in grammatische Strukturen vertiefen; Flexion von Verben in der ich-, du- und wir-Form thematisieren, variierende Flexionsendung bei der du-Form thematisieren; die Flexionsendungen ergänzen; **Sprache untersuchen**

• AH / AH Fö: S. 160

Verben weiterschwingen

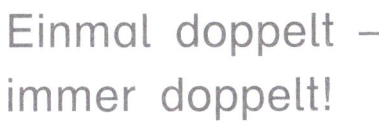

Einmal doppelt –
immer doppelt!

beginnen — es beginnt

beginnen	sie muss
müssen	es beginnt
rennen	er knallt
knallen	du rennst

er beko_mm_t

du ste_____st

sie schle_____t

stellen

schleppen

bekommen

Problem besprechen; Mitsprechbarkeit der Doppelkonsonanz durch die Rechtschreibstrategie
Weiterschwingen herstellen (bei Verben *wir-Form* bilden: oranger Stern); Silbenarbeit; Verben
weiterschwingen; doppelte Konsonanten ergänzen; **Richtig schreiben**

Ä ä

Nils auf großer Reise

Salome hört ein langes Hörbuch.

Es ist eine Geschichte über den Jungen Nils.

Nils ist anders. Er ist klitzeklein.

Nils reist mit Gänsen in ferne Länder.

Sie treffen andere Tiere: Schwäne, Lämmer und Kälber.

Sie besuchen schöne Plätze: Strände, Wälder, Täler

und Gärten. Nils und die Gänse erleben tolle Abenteuer.

Hörbuch	wir reisen	die Plätze
Geschichte	wir treffen	die Wälder
klitzeklein	wir erleben	die Gärten

über das Bild und das Hörspielcover sprechen, **Sprechen und Zuhören**; Wörter mit Ä ä finden;
Vorentlastung unten: Silbenarbeit (Piloten markieren, mit Silbenbögen/Silbendruck lesen), Wörter
lesen; danach den Text lesen (schwarzer Text = lautgetreu)

• AH / AH Fö: S. 162-163
• Wir-Heft A: S. 84

 # Äu äu

Zukunft

Welchen Traum haben Kinder für die Zukunft?

Kari und Bu fragen sie und schreiben alles auf.

> Was träumst du?

Raja träumt, Läuferin zu werden.

Sie läuft jede Woche.

Faruk träumt, Förster zu werden.

Er möchte Bäume und Sträucher pflanzen.

Kinder	wir träumen	die Träume
Förster	wir schreiben	die Läuferin
Sträucher	wir pflanzen	die Bäume

• AH / AH Fö: S. 164-165
• Wir-Heft A: S. 85

über die Bilder sprechen, **Sprechen und Zuhören**; Wörter mit Äu äu finden; Vorentlastung unten: Silbenarbeit (Piloten markieren, mit Silbenbögen/Silbendruck lesen), Wörter lesen; danach den Text lesen (schwarzer Text = lautgetreu); ▣ die Kinder der Klasse zu ihren Träumen befragen und ggf. Tonaufnahmen machen

 # V v

 Videos

Levin und Vanessa wollen

ein Video schauen.

Es ist über den kleinen Vampir.

Levin und sein Vater haben es im Internet gefunden.

V wie

oder

V wie

Vanessa und Levin schauen viele Vampir-Filme.

Diese Filme nerven Vanessa nun.

Sie möchte lieber Filme über Vögel schauen.

Levin findet Filme über Vulkane besser.

Video	wir nerven	ich vergesse	vor
Vampir	wir versuchen	ich verstehe	von
Internet	wir vergessen	ich versuche	vom
Vögel	wir verstehen	ich nerve	viele

über das Bild auf S. 93 sprechen, **Sprechen und Zuhören**; Wörter mit V v finden; Karis Hinweis thematisieren; Vorentlastung unten: Wörter mithilfe des Silbendrucks lesen; danach den Text lesen (schwarzer Text = lautgetreu, rote Markierungen kennzeichnen nicht-lautgetreue Buchstaben)

• AH / AH Fö: S. 166–167
• Wir-Heft A: S. 86, 87

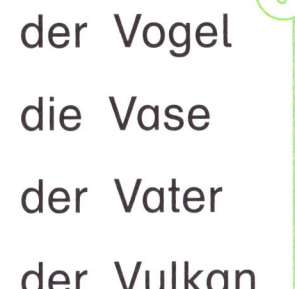
der Vogel

die Vase

der Vater

der Vulkan

Vater: „Ich habe eine Kiste

mit vielen Filmen gefunden."

Vanessa: „Noch weitere Filme schauen?

Darauf habe ich keine Lust."

Levin: „Also gut, wollen wir ein Video drehen?"

Vater: „Das ist besser, als nur Filme zu schauen."

Welche Filme schaust du gern?

• AH / AH Fö: S. 166–167
• Wir-Heft A: S. 86, 87

Wörter aus dem Grundwortschatz lesen und mit Minibildern verbinden; in verteilten Rollen lesen;
zu Bus Frage schreiben und/oder malen; über die eigene Mediennutzung sprechen, eine Szene
spielen und mit dem Tablet aufnehmen, **Sprechen und Zuhören**

 **C** **c**

 spreche ich wie *ß* in 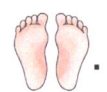.

 spreche ich wie *K* in .

Am Computer

Die Kinder der Klasse 1c

rechnen, lesen und schreiben

am Computer.

Clara und Cedric tippen auf der Tastatur.

Sie sehen die Wörter auf dem Bildschirm.

Mit dem Drucker drucken sie alles aus.

Tastatur	wir tippen	ich surfe	clever
Bildschirm	wir drucken	ich drucke	cool
Drucker	wir surfen	ich tippe	QR-Code

über das Bild sprechen, **Sprechen und Zuhören**; Wörter mit C c finden; Karis Hinweis thematisieren; Vorentlastung unten: Wörter mithilfe des Silbendrucks lesen; danach den Text lesen (schwarzer Text = lautgetreu, rote Markierungen kennzeichnen nicht-lautgetreue Buchstaben); Lernprogramme am PC oder Tablet nutzen; QR-Code: Video „So spreche ich das C aus"

• AH / AH Fö: S. 168-169
• Wir-Heft A: S. 88, 89

der Comic

der Clown

der Cent

der Computer

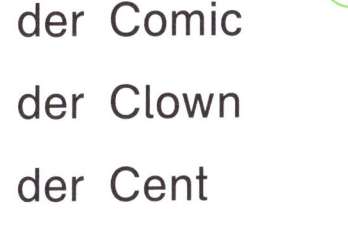

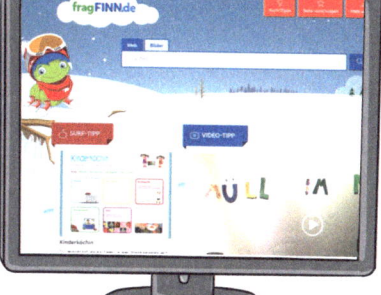

Cleo ist clever.

Sie sucht am Computer nach

fremden Wörtern: Cowgirl, Popcorn, Comic.

Cleo macht eine Internet-Suche

mit einer Suchmaschine für Kinder.

Mit einem QR-Code
findet man Infos. Cool!

Was machst du am Computer?

☐ schreiben   ☐ spielen

☐ Filme schauen   ☐ surfen

• AH / AH Fö: S. 168-169, 171
• D Fö: 22–23
• Wir-Heft A: S. 88, 89

Wörter aus dem Grundwortschatz lesen und mit Minibildern verbinden; über das Bild sprechen; Text mithilfe des Silbendrucks lesen; ▣ zutreffende Aussagen zur eigenen Mediennutzung ankreuzen und über die eigene Mediennutzung sprechen; ▣ mit Kindersuchmaschinen im Internet recherchieren

Kräne Äste Schwäne

Kräne kommt von Kran. ✸

Schwan Kran Ast

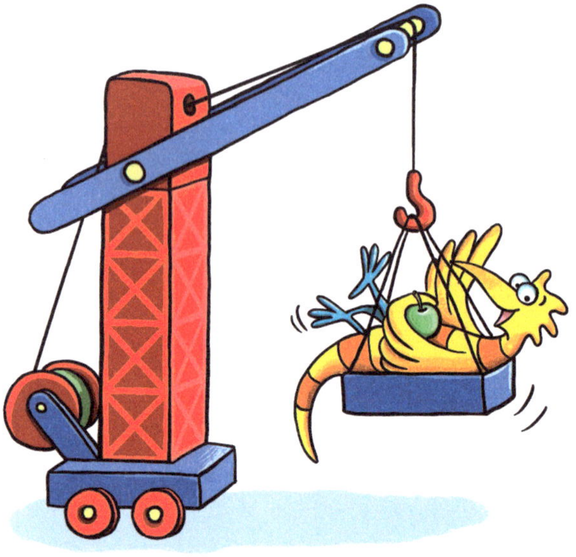

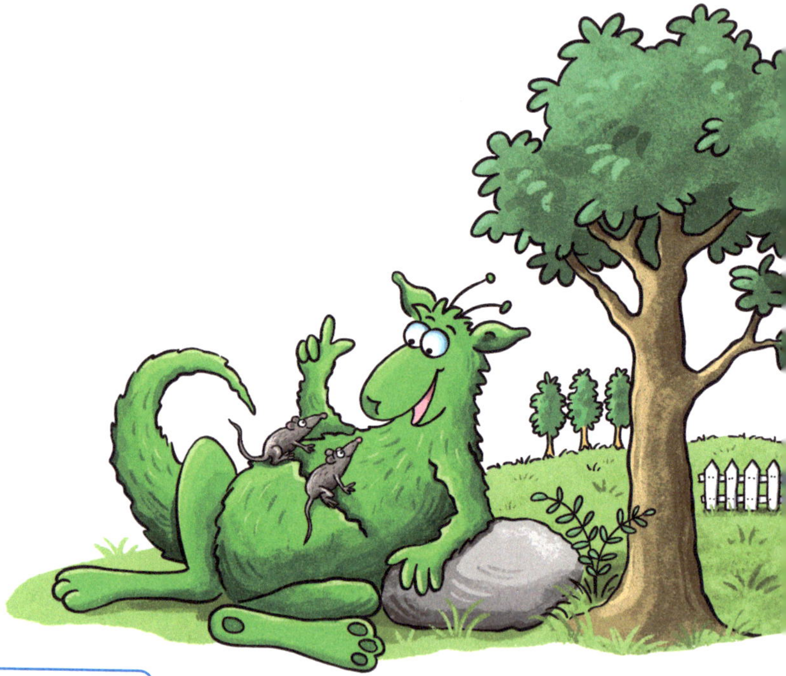

Zäune Bäuche Bäume

Zäune kommt von Zaun. ✸

Bauch Baum Zaun

mithilfe von Bus und Karis Hinweisen Wortpaare verbinden und Zusammenhänge erkennen, Rechtschreibstrategie (Ableiten, oranger Stern) einführen und auf Wörter mit ä und äu anwenden; verwandte Wörter (Einzahl) mit a und au finden, **Richtig schreiben**

• AH / AH Fö: S. 170

Manche Wörter muss ich mir merken. **M**

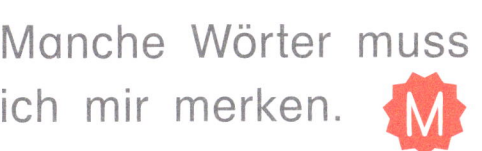

Vater   See

Computer   sehr

versuchen   sind

| seid | Tee | Clown | Jahre | verlaufen |

| Comic | ihre | Vase | und | Zoo |

Rechtschreibstrategie Merken (roter Stern) einführen und Karis Hinweis lesen; Merkstellen der Wörter an der Tafel besprechen, mit weiteren Wörtern üben; Merkstellen in den Wörtern unten markieren und Wörter mit gleichen Merkstellen verbinden **Richtig schreiben**

X x

Hokuspokus
fix gehext,
mit dem Text,
steht da schon:
Ein Xylofon.
Hex, hex!

Die Hexenreise

Die kleinen Hexen Trixi und Lisbet

gehen auf eine Reise. Sie reisen nicht

auf dem Besen. Sie fliegen auf einem Teppich.

Der Teppich ist verhext. Sie fliegen fix durch die Nacht.

Trixi und Lisbet besuchen viele andere Hexen.

Womit würdest du gern reisen?

☐ Hexenbesen

☐ Boot

☐ Taxi

☐ Teppich

☐ _____

DiE KLEINE HEXE geht auf Reisen

fix	verhext	wir mixen	das Lexikon
Text	Hexenbesen	wir hexen	das Taxi
Nixe	Xylofon	wir boxen	die Hexe

über das Buchcover sprechen, **Sprechen und Zuhören**; Wörter mit X x finden; Vorentlastung unten:
Wörter mithilfe des Silbendrucks lesen; Text lesen, Hexenspruch mit unbekannten Buchstaben und
anspruchsvollen Wörtern; Antwort ankreuzen oder schriftlich beantworten; **Sprechen und Zuhören**;
QR-Code: Zuhörtext „Hokuspokus"

• AH / AH Fö: S. 172–173
• Wir-Heft A: S. 90

Y y

Nachschlagen

im Lexikon

Y wie
Y wie
Y wie

Der Himalaya ist ein Gebirge.

Man sagt, dort leben Yetis.

Das sollen Schneemenschen sein.

In Ägypten stehen die Pyramiden.

Sie sind sehr alt.

Dort wurden Könige begraben.

Himalaya

Yeti

Ägypten

Pyramide

der Teddy

das Baby

das Pony

das Handy

• AH / AH Fö: S. 174–175, 177
• D Fö: 24–25
• Wir-Heft A: S. 91

über die Bilder sprechen, **Sprechen und Zuhören**; Wörter mit Y y finden; Karis Hinweis thematisieren; Vorentlastung unten: Wörter mithilfe des Silbendrucks lesen; Text lesen; Wörter aus dem Grundwortschatz lesen und mit Minibildern verbinden; Begriffe in einem Lexikon oder einer Kindersuchmaschine nachschlagen; QR-Code: Zuhörtext „Eine unerwartete Entdeckung"

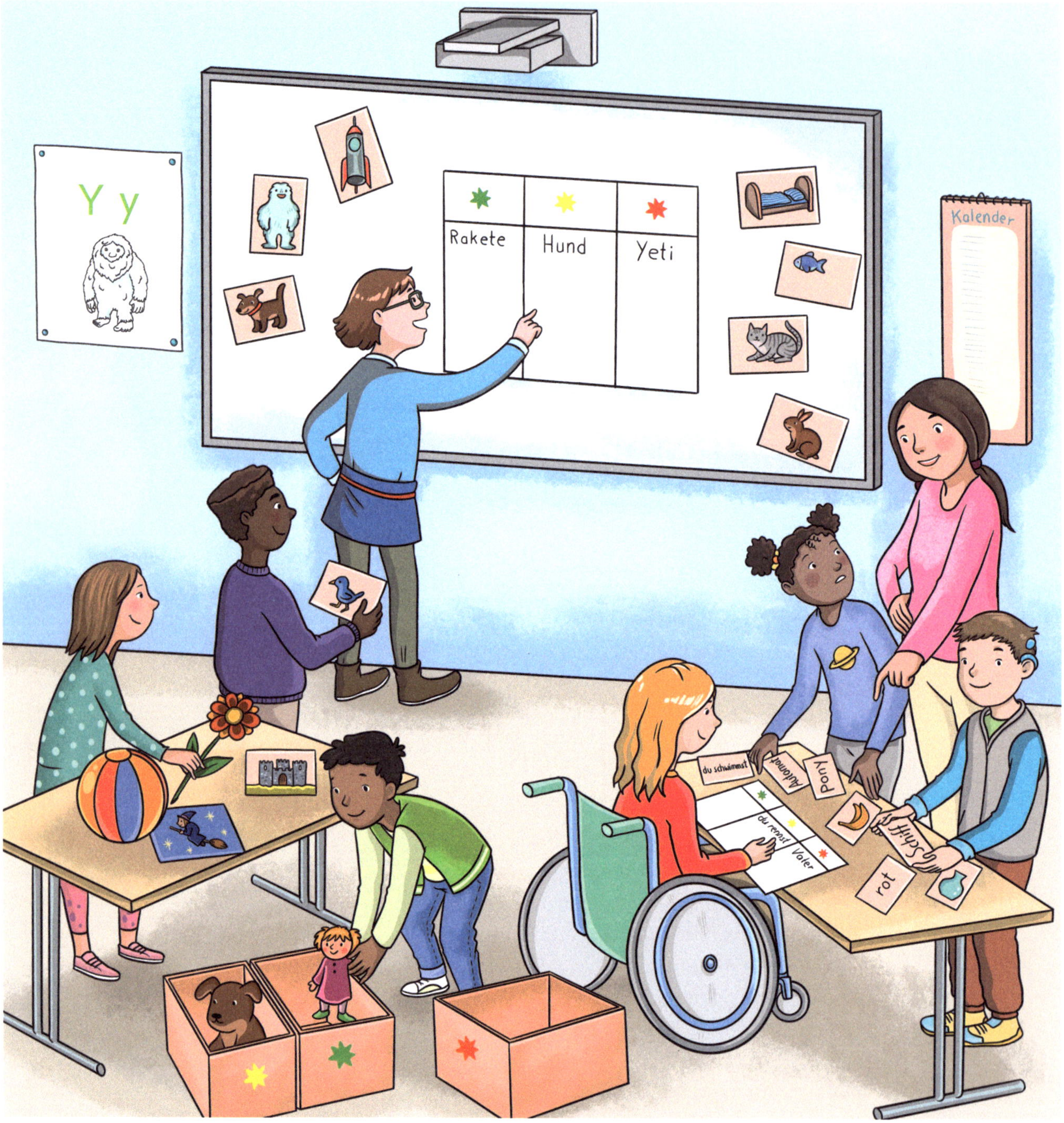

über das Bild sprechen; Rechtschreibstrategien wiederholen: Mitsprechen=grün,
Nachdenken=orange, Merken=rot; mit Beispielen von Tafel und ggf. weiteren veranschaulichen,
möglichst praktisch und handlungsorientiert arbeiten; **Sprache untersuchen**

• AH / AH Fö: S. 176

oder merken ?

| mitsprechen | nachdenken | merken  |

 Regenbogen

Bäume ☆

du rennst

von ☆

Vogel ■

Monat ☆

Hexe ☆

Spinne ☆

Kind ☆

wir malen ☆

du schwimmst ☆

Pony ☆

Rechtschreibstrategien anwenden: Mitsprechen=grün, Nachdenken=orange, Merken=rot; Sterne in der richtigen Farbe anmalen; Anbahnung der Erkenntnis, dass Rechtschreibung nicht willkürlich erfolgt, sondern sich systematisieren lässt; **Sprache untersuchen**

📖 **Eine herbstliche Vorlese-Mal-Geschichte**

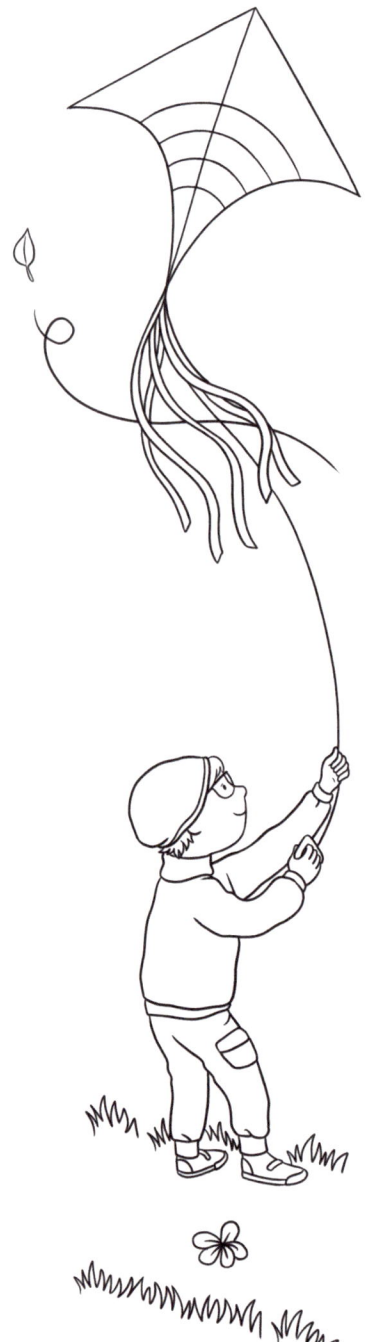

Es ist Herbst

Salome ist im Park.

Sie hat einen gelben Regenmantel

und rote Gummistiefel an.

Auf dem Kopf hat sie eine blaue Mütze.

Salome sammelt rote 🍁 🍁 .

Was hat Ole an?

Male den Drachen bunt an.

über die Bilder sprechen; verstehend zuhören; Bilder passend zum Text anmalen; Geschichte mithilfe der Bilder nacherzählen; **Sprechen und Zuhören**; ggf. Text selbstständig erlesen; QR-Code: Zuhörtext „Es ist Herbst"

• Wir-Heft A: S. 92

Laternenfeste

Im November feiern wir Sankt Martin.

Kinder laufen mit Laternen durch die Straßen.

Sie singen Lieder.

In China und Indien gibt es auch Laternenfeste:

Straßen und Häuser werden geschmückt.

In China spielen die Kinder nachts mit ihren Laternen.

In Indien feiern die Menschen das Fest Diwali.

Die Familien besuchen sich. Es gibt ein Feuerwerk.

 Indien
 Deutschland
 China

über die Fotos sprechen; verstehend zuhören, Fotos mit Länderflaggen verbinden; über die
unterschiedlichen Bräuche sprechen und von eigenen Traditionen erzählen, **Sprechen und Zuhören**;
ggf. Text selbstständig erlesen (schwarzer Text = lautgetreu)

Weihnachten in aller Welt

Auf die Geschenke warten

In anderen Teilen der Welt warten
die Kinder lange auf Geschenke.

In **Italien** reist die Hexe Befana
am 6. Januar mit dem Besen herum.

Sie wirft die Geschenke in die Schornsteine.

In **Bolivien** ist am 6. Januar Sommer.

Dort bringen die Heiligen Drei Könige die Geschenke.

Es gibt ein frohes Fest mit Feuerwerk.

Feierst du auch? Wie?

über die Bilder sprechen; verstehend zuhören, über die unterschiedlichen Bräuche sprechen und
von eigenen Traditionen erzählen; **Sprechen und Zuhören**; zur Frage schreiben und/oder malen;
ggf. Text selbstständig erlesen (schwarzer Text = lautgetreu)

• Wir-Heft A: S. 93

Der 31. Dezember

Auf der ganzen Welt feiern die Menschen am 31. Dezember Feste. Es ist Silvester. Um Mitternacht wünschen die Menschen sich viel Glück im neuen Jahr.

Das hört sich überall anders an:

> Was bedeutet das Hufeisen?

> Frohes neues Jahr!

> ! كل عام وانتم بخير

> Bonne année!

> Szczęśliwego Nowego Roku!

> ¡Feliz año nuevo!

> Mutlu Yıllar!

> Щасливого Нового року!

> Happy new year!

① deutsch

② arabisch

③ polnisch

④ türkisch

⑤ englisch

⑥ ukrainisch

⑦ spanisch

⑧ französisch

über das Bild und die Symbole sprechen; verstehend zuhören, die unterschiedlichen Neujahrswünsche thematisieren und gemeinsam sprechen, Gemeinsamkeiten und Unterschiede von Sprachen und Schriften entdecken; Neujahrswunsch in der eigenen Muttersprache und -schrift nach den Ferien mitbringen, **Sprechen und Zuhören**

105

Spuren von winzigen Zehen

Was ist da im Schnee zu sehen?
Spuren von winzigen Zehen.

Eine kleine Maus –
hier kam sie heraus!
Verschwunden ist sie, husch,
in jenem Loch vor dem Haselbusch.

Zwischen den Tritten
fein
ein Strich.
Was kann's sein?
Da zog es das Schwänzlein
hinter sich drein.

Josef Guggenmos

über das Bild sprechen; verstehend zuhören, ein Gedicht kennenlernen und dessen Inhalt
wiedergeben; **Sprechen und Zuhören**

Karneval

Ein buntes Fest

Heute ist in der Schule alles anders.

Alle Kinder kommen verkleidet.

Sie gehen als Katze, Krokodil, Maus,

Pinguin oder Adler.

Es ist ein tierisches Fest!

Ein tierisches Fest

 Welche Tiere kommen vor?
Kreuze an.

☐ ☐ ☐ ☐ ☐ ☐ ☐

Welches Tier möchtest
du nachspielen?

über die Bilder sprechen; verstehend zuhören, Hörverständnis-Aufgabe lösen; Geschichte mithilfe der Bilder nacherzählen; sich in Rollen hineinversetzen und den Text nachspielen, zur Frage schreiben und/oder malen; **Sprechen und Zuhören**; QR-Code: Zuhörtext: „Ein tierisches Fest"

Die ersten Blumen

Die ersten Blumen sind besonders.

Sie haben unter der Erde

eine Zwiebel oder eine Knolle.

Zwiebel

Knolle

Darin ist alles gespeichert, was sie brauchen.

So können sie schon im März im Garten blühen.

Man nennt diese Blumen Frühblüher.

Kennst du diese Frühblüher?

Tulpe   Krokus   Narzisse   Schneeglöckchen

über die Fotos und Abbildungen sprechen; den Sachtext lesen (schwarzer Text = lautgetreu);
Namen der Frühblüher mit den Fotos verbinden

108

Grüne Ostereier

① Lege Watte in die Eierschale.

② Streue Kressesamen auf die Watte.

Du brauchst:

- [ ] Eierbecher
- [ ] Eierschale
- [ ] Watte
- [ ] Kressesamen
- [ ] Wasser

③ Stelle den Eierbecher an ein Fenster.

④ Gieße die Samen jeden Tag ein wenig.

⑤ Nach zwei Wochen kannst du ernten.

⑥ Streue die Kresse auf ein Butterbrot. Guten Appetit und frohe Ostern!

• Wir-Heft A: S. 94

über die Bilder sprechen; die Materialliste und Anleitung lesen (schwarzer Text = lautgetreu) und ggf. umsetzen

Feste der Religionen

Islam: **Zuckerfest** ☽★

Es ist das Ende der Fastenzeit.

Die Menschen essen zusammen.

Es gibt süße Sachen und Geschenke.

Judentum: **Pessach** ✡

Es ist ein Fest im Frühling.

Am Abend essen die Menschen

besondere Speisen, zum Beispiel

Eier, Kräuter und Fleisch.

Christentum: **Ostern** ✝

Es ist ein wichtiges Fest.

Die Menschen feiern:

Das Leben besiegt den Tod.

Die Kinder suchen bunte Eier.

Hinduismus: **Holi**

Es ist ein buntes Fest.

Die Menschen singen, tanzen und

bewerfen sich mit buntem Pulver.

über die Fotos und Symbole sprechen; verstehend zuhören bzw. die Sachtexte lesen (schwarzer Text = lautgetreu), Texte mit Fotos verbinden; über unterschiedliche Feste sprechen und Erfahrungen austauschen, **Sprechen und Zuhören**

Freund Oma Oma Oma
Schwester Freundin Bruder Schwester Mama
Freund Opa Oma Papa Lieblingsmensch
Bruder Oma Familie Oma Bruder Opa Familie
Herzensmensch Freundin
Lieblingsmensch Oma
Freundin Oma Papa Mama Schwester
Bruder Freund Opa
Mama Herzensmensch
Lieblingsmensch
Familie
Opa

DU!
Wir beide
machen tolle
Sachen
zusammen.
Danke!

Ich mit dir,

du mit mir,

beide hier!

Ich vertraue dir blind,

weil wir beide

Freunde sind.

über das Wort-Herz sprechen, Gedichte lesen und besprechen; über Menschen sprechen, die man lieb hat; ein Geschenk oder eine Karte gestalten

Zauberwolken

Ich liege im Gras und schaue nach oben,

wo Sonne, Luft und Wolken toben.

Ich sehe ein Wolkenmonster

– weich wie Watte –

das eben noch keine Nase hatte.

Es macht ein freundliches Gesicht,

bevor es mir als Huhn entwischt.

Nun schaue auch du nach oben,

dorthin wo die Wolken toben.

Kerstin von Werder

Gedicht (vor)lesen, verstehend zuhören und den Inhalte besprechen; Gedicht auswendig lernen
und vortragen, gestalterisch umsetzen; **Sprechen und Zuhören**

• Wir-Heft A: S. 95

Die wilden Freunde

Die wilden Freunde sind lustige Tiere.

Zu der Truppe gehören der Wolf Hamlet,

der Gorilla Barnabas, das Stinktier Tulpe

und das Schnabeltier Oskar.

An einem Tag im Hochsommer ist es total warm.

„Ich möchte mich kaum bewegen", jammert Hamlet.

Die wilden Freunde wollen sich im Freibad abkühlen.

Doch Hamlet meint: „Wenn die Menschen uns sehen,

fangen sie uns sofort ein."

Da ruft Oskar: „Wir können das Freibad

auch ganz für uns allein haben!

Ich habe eine Idee."

(gekürzt, verändert)

André Marx und Boris Pfeiffer

über das Bild und das Buchcover sprechen; den Text lesen und nacherzählen; über Lieblingsbücher
sprechen und diese vorstellen; **Sprechen und Zuhören**

1

Ich bereite meinen
Arbeitsplatz vor.

2

Ich sitze ruhig
und aufrecht.

3

Ich bin still
und spitze die Ohren.

4

Ich melde mich, wenn ich
etwas sagen möchte.

über Bilder sprechen; sich für den Unterricht vorbereiten; grundlegende Verhaltens- und Gesprächsregeln einüben und beachten; **Sprechen und Zuhören**; QR-Code: Audio „Übung zum Zuhören"   • Wir-Heft A: S. 96

1

Ich stehe auf,
schwinge und spreche.

2

Ich höre und schreibe.

3

Ich höre und schreibe weiter.

4

Ich kontrolliere.

über Bilder sprechen; Arbeitstechnik nutzen: Arbeit mit dem vereinfachten Schreib-Ufo und Laut-Buchstaben-Zuordnung kennenlernen, eigene Wörter lauttreu verschriften und überprüfen; QR-Code: Erklärvideo „Schreiben mit dem Schreib-Ufo"; vgl. vollständiges Schreib-Ufo auf der vorderen Umschlagsinnenseite

Ich markiere die Piloten.

Ich lese (laut) und setze dabei die Silbenbögen.

Ich lese die Silben noch einmal mit dem Finger.

Ich verstehe, was ich gelesen habe.

Leseprinzip der Karibu-Fibel kennenlernen, auf Schrittigkeit achten: als Vorbereitung alle Piloten (Vokale) in den Wörtern markieren und danach Silbenbögen lesend setzen, dann den Text im Ganzen lesen und den Sinn erschließen; **Lesen**; QR-Code: Erklärvideo „Karis Lesestrategie"

Kontrollieren mit Kari

Ich schreibe ein Wort auf.

Ich überprüfe mit Silbenbögen.

Ich überprüfe mit Piloten.

Ich kontrolliere das ganze Wort Buchstabe für Buchstabe.

über Bilder sprechen; Arbeitstechnik kennenlernen; anhand der Bildfolge das Kontrollieren mit Piloten und Silbenbögen thematisieren; auf Schrittigkeit achten: bei der Kontrolle erst Silbenbögen setzen, dann Piloten markieren; **Richtig schreiben**; QR-Code: Erklärvideo „Mit Silben die Rechtschreibung überprüfen"

1

Ich schreibe ein Wort
aus der Fibel ab.

2

Ich lege die Karte
in meine Kartei.

3

Ich lese und schreibe
mit der Kartei.

4

Alles richtig! Ich lege
die Karte ein Fach weiter.

über Bilder sprechen; Möglichkeit zur Übung des Grundwortschatzes mit einem Karteikasten
kennenlernen; in Einzel- und Partnerarbeit arbeiten; **Richtig schreiben**

Textquellenverzeichnis

55: Axel Scheffler: Der Grüffelo. Weinheim: Beltz & Gelberg 2002 (gekürzt, verändert).

106: Josef Guggenmos: Spuren von winzigen Zehen. In: Was denkt die Maus am Donnerstag? München: dtv 2021, Seite 93.

113: André Marx und Boris Pfeiffer: Die wilden Freunde, Bücherhelden 1. Klasse, Ab ins Freibad! Stuttgart: Franckh-Kosmos Verlags-GmbH & Co. KG 2019 (gekürzt, verändert).

Bildquellenverzeichnis

|Ablang, Friederike, Berlin: 97.1. |Alamy Stock Photo, Abingdon/Oxfordshire: Sourav Mitra 110.7. |Alamy Stock Photo (RMB), Abingdon/Oxfordshire: Probst, Peter 103.4. |Beltz & Gelberg in der Verlagsgruppe Beltz, Weinheim: Axel Scheffler/Julia Donaldson: Der Grüffelo 54.3, 61.3. |Berghahn, Matthias, Bielefeld: 51.6. |Doering, Svenja, Köln: Titel, Titel, Titel, Titel, Titel, Titel, 4.1, 5.1, 5.2, 5.3, 5.4, 5.5, 5.6, 5.7, 5.8, 5.9, 5.12, 6.6, 7.3, 7.5, 7.8, 7.9, 7.10, 7.11, 7.12, 7.18, 7.19, 7.20, 8.1, 8.3, 8.4, 9.2, 10.1, 11.7, 12.6, 12.8, 12.10, 12.11, 12.12, 13.3, 13.4, 13.5, 13.6, 13.7, 13.8, 13.9, 13.10, 13.11, 13.12, 13.13, 13.14, 13.15, 14.1, 14.2, 14.3, 14.4, 15.1, 15.2, 15.3, 15.4, 15.5, 15.6, 15.7, 15.8, 17.1, 18.1, 18.18, 19.6, 21.1, 21.2, 21.3, 22.1, 22.2, 22.5, 22.6, 22.7, 22.11, 23.1, 23.2, 23.3, 25.1, 25.4, 25.6, 25.8, 25.9, 27.1, 27.2, 29.4, 31.1, 31.2, 31.6, 32.1, 32.2, 32.3, 32.4, 32.5, 32.6, 33.1, 33.2, 35.1, 35.2, 35.3, 36.10, 37.1, 38.3, 38.4, 38.5, 39.1, 41.10, 43.1, 43.2, 43.3, 45.1, 45.2, 45.5, 47.1, 47.2, 48.2, 48.3, 48.4, 48.5, 48.6, 50.1, 50.4, 51.2, 51.5, 51.7, 51.8, 52.3, 52.4, 52.5, 52.6, 53.1, 53.2, 55.1, 55.2, 55.3, 55.4, 57.5, 57.6, 58.3, 58.4, 58.5, 58.6, 58.7, 59.1, 59.2, 61.1, 61.2, 62.2, 62.5, 63.1, 63.2, 63.3, 66.6, 67.1, 69.1, 69.2, 69.4, 69.5, 69.6, 70.1, 70.2, 70.12, 70.14, 71.1, 71.2, 71.11, 71.12, 71.13, 72.2, 73.1, 73.2, 73.3, 73.4, 73.5, 74.6, 75.9, 76.4, 79.3, 80.2, 81.2, 83.2, 84.1, 84.2, 84.3, 85.1, 85.2, 85.3, 88.4, 89.1, 89.2, 91.2, 92.3, 92.4, 92.5, 93.6, 94.3, 95.7, 96.1, 96.2, 97.2, 97.3, 99.7, 101.1, 105.6, 108.1, 108.2, 111.1, 111.2, 111.3, 112.1, 114.1, 114.2, 114.3, 114.4, 114.5, 115.1, 115.2, 115.6, 115.7, 116.1, 116.2, 116.6, 117.1, 117.2, 117.3, 117.4, 117.5, 118.1, 118.2, 118.3, 118.4, 122.1, 122.2, 122.3, 122.4, 122.5, 122.6, 122.7, 122.26, 122.46, 124.1, 124.6. |fotolia.com, New York: Franz Pfluegl 19.8; Friedberg 19.11; MP2 19.10. |fragFINN e.V., Berlin: 95.6. |Franckh-Kosmos Verlags-GmbH & Co. KG, Stuttgart: André Marx, Boris Pfeiffer, Steffen Gumpert: Die wilden Freunde, Bücherhelden 1. Klasse, Ab ins Freibad!, 2019 113.1, 113.2. |Fuhrmann, Gisela, Hannover: 10.2, 10.3, 10.4, 12.2, 16.2, 18.2, 18.3, 20.1, 24.2, 26.2, 28.2, 30.2, 34.3, 36.2, 38.2, 42.2, 44.2, 46.1, 52.2, 54.2, 56.2, 58.2, 64.2, 66.2, 68.2, 74.1, 76.2, 82.1. |Getty Images, München: iStockphoto 110.2, 110.3, 110.6, 110.8; Poligrafistka 103.5. |Imago Editorial, Berlin: Xinhua 103.1. |iStockphoto.com, Calgary: akurtz 19.9; GM Stock Films 110.1; halbergman 110.4; MSchauer 39.4; Rawpixel 46.3. |Jungkeit, Gaby, Hofheim: 72.3, 72.4, 72.5, 72.6, 72.7, 72.8, 72.9, 72.10, 72.11, 72.12, 72.13, 72.14. |juniors@wildlife Bildagentur GmbH, Hamburg: Avalon 77.3; Czepluch, G. 39.3. |kyas photography, Hannover: 10.11, 10.12, 10.13, 18.5, 18.7. |Leinhos, Heike, Bonn: 11.1, 11.2, 11.3, 11.8, 11.9, 11.10. |Metzen, Isabelle, Bochum: 8.2, 8.5, 8.6, 8.9, 9.1, 9.6, 11.4, 11.5, 11.6, 11.11, 11.12, 11.13, 12.4, 12.5, 12.7, 12.9, 20.3, 20.5, 20.8, 32.7, 33.3, 33.4, 33.5, 34.1, 34.4, 34.6, 34.7, 35.4, 40.1, 40.2, 41.1, 42.3, 44.3, 44.4, 44.5, 44.6, 45.3, 45.4, 45.6, 48.1, 50.2, 50.5, 50.7, 50.9, 51.1, 51.3, 51.4, 56.3, 60.1, 60.2, 64.3, 64.4, 64.5, 65.1, 68.3, 68.4, 69.3, 72.1, 74.4, 74.5, 75.1, 75.2, 75.3, 75.4, 75.5, 75.6, 75.7, 75.8, 78.2, 78.3, 82.3, 83.1, 86.2, 87.2, 88.1, 88.2, 88.3, 90.2, 91.3, 93.3, 94.8, 95.5, 98.2, 98.3, 100.1, 100.2, 102.1, 102.2, 102.3, 102.4, 104.1, 104.2, 105.1, 105.2, 105.3, 105.4, 105.5, 105.7, 106.1, 107.1, 107.2, 107.3, 109.1, 109.2, 109.3, 109.4, 109.5, 109.6, 109.7, 109.8, 109.9, 109.10, 109.11. |PantherMedia GmbH (panthermedia.net), München: Schneider, Detlef 99.8. |Penguin Random House Verlagsgruppe GmbH, München: Selma Lagerlöf: Nils Holgerssons wunderbare Reise durch Schweden. Gekürzte Lesung mit Juliane Köhler, 978-3-86717-026-0, Der Hörverlag – Random House Audio – cbj audio 2017 90.3. |Picture-Alliance GmbH, Frankfurt a.M.: dpa/Frank Leonhardt 110.5. |Reimers, Silke, Mainz: 5.10, 5.11, 6.1, 6.2, 6.3, 6.4, 6.5, 6.7, 6.8, 6.9, 6.10, 7.1, 7.2, 7.4, 7.6, 7.7, 7.13, 7.14, 7.15, 7.16, 7.17, 8.7, 8.8, 8.10, 8.11, 8.12, 8.13, 9.3, 9.4, 9.5, 9.7, 9.8, 10.5, 10.6, 10.7, 10.8, 10.9, 10.10, 10.14, 10.15, 10.16, 10.17, 10.18, 10.19, 12.1, 12.3, 13.1, 13.2, 16.1, 16.3, 16.4, 16.5, 16.6, 16.7, 17.2, 17.3, 17.4, 17.5, 18.4, 18.6, 18.8, 18.9, 18.10, 18.11, 18.12, 18.13, 18.14, 18.15, 18.16, 18.17, 18.19, 18.20, 18.21, 20.2, 20.4, 20.6, 20.7, 22.3, 22.4, 22.8, 22.9, 22.10, 22.12, 22.13, 22.14, 22.15, 22.16, 23.4, 23.5, 23.6, 23.7, 23.8, 23.9, 24.1, 24.3, 24.4, 24.5, 24.6, 24.7, 25.2, 25.3, 25.5, 25.7, 26.1, 26.3, 26.4, 26.5, 26.6, 26.7, 27.3, 28.1, 28.3, 28.4, 28.5, 28.6, 28.7, 29.1, 29.2, 29.3, 29.5, 29.6, 29.7, 29.8, 29.9, 30.1, 30.3, 30.4, 30.5, 30.6, 30.7, 31.3, 31.4, 31.5, 31.7, 32.8, 32.9, 32.10, 33.6, 33.7, 33.8, 33.9, 33.10, 33.11, 33.12, 33.13, 33.14, 33.15, 33.16, 34.2, 35.5, 35.6, 35.7, 35.8, 36.1, 38.1, 39.5, 39.6, 39.7, 39.8, 39.9, 39.10, 41.2, 41.3, 41.4, 41.5, 41.6, 41.7, 41.8, 41.9, 42.1, 42.4, 42.5, 42.6, 42.7, 43.4, 43.5, 43.6, 43.7, 44.1, 46.2, 46.4, 46.5, 46.6, 46.7, 46.8, 49.1, 49.2, 49.3, 49.4, 49.5, 49.6, 49.7, 49.8, 49.9, 49.10, 49.11, 49.12, 50.3, 50.6, 50.8, 50.10, 52.1, 54.1, 56.1, 56.4, 56.5, 56.6, 56.7, 56.8, 57.1, 57.2, 57.3, 57.4, 57.7, 58.1, 58.8, 61.4, 62.1, 62.3, 62.4, 64.1, 64.6, 64.7, 66.1, 66.3, 66.4, 66.5, 68.1, 70.3, 70.4, 70.5, 70.6, 70.7, 70.8, 70.9, 70.10, 70.11, 70.13, 70.15, 70.16, 71.3, 71.4, 71.5, 71.6, 71.7, 71.8, 71.9, 71.10, 74.2, 74.3, 76.1, 76.5, 76.6, 76.7, 76.8, 76.9, 76.10, 76.11, 76.12, 77.1, 78.1, 79.1, 79.4, 80.1, 80.3, 80.4, 80.5, 80.6, 80.7, 80.8, 80.9, 80.10, 80.11, 80.12, 80.13, 80.14, 80.15, 80.16, 81.1, 81.3, 81.4, 81.5, 81.6, 81.7, 81.8, 81.9, 81.10, 81.11, 81.12, 81.13, 81.14, 81.15, 82.2, 86.1, 87.1, 90.1, 91.1, 92.1, 92.2, 93.1, 93.2, 93.4, 93.5, 94.1, 94.2, 94.4, 94.5, 94.6, 94.7, 95.1, 95.2, 95.3, 95.4, 98.1, 99.1, 99.2, 99.3, 99.4, 99.5, 99.6, 99.9, 99.10, 99.11, 99.12, 100.3, 107.4, 107.5, 107.6, 107.7, 107.8, 107.9, 107.10, 115.3, 115.4, 115.5, 115.8, 122.8, 122.9, 122.10, 122.11, 122.12, 122.13, 122.14, 122.15, 122.16, 122.17, 122.18, 122.19, 122.20, 122.21, 122.22, 122.23, 122.24, 122.25, 122.27, 122.28, 122.29, 122.30, 122.31, 122.32, 122.33, 122.34, 122.36, 122.37, 122.38, 122.39, 122.40, 122.41, 122.42, 122.43, 122.44, 122.45, 122.47, 122.48, 122.49, 122.50, 122.51, 122.52, 122.53, 122.54, 122.55, 122.56, 122.57, 124.2, 124.3, 124.4, 124.5. |Shutterstock.com, New York: Annibali, Cristina 108.6; Early Spring 19.3; Gioia Photo 108.5; MaKo-studio 19.2; Pailkar, Snehal Jeevan 103.2; photosync 19.7; Tsuchiya, Eiko 47.3. |stock.adobe.com, Dublin: Fotofreundin 103.3; JRG 108.3; Malyshchyts, Viktar 19.5; MEISTERFOTO 19.1; Ressi 77.2; unpict 108.4; Vahldiek, Carola 19.4; yalapeak 39.2. |TESSLOFF VERLAG, Nürnberg: WAS IST WAS Natur Band 68 © 2013 TESSLOFF VERLAG Nürnberg 76.3. |Verlag Friedrich Oetinger GmbH, Hamburg: Lieve Baeten „Die kleine Hexe geht auf Reisen". © Verlag Friedrich Oetinger, Hamburg 98.4; Nina Dulleck, „Spinnen-Alarm. Das große (Spinnen-) Angst-weg-Buch." © Verlag Friedrich Oetinger, Hamburg. 79.2. |Wefringhaus, Klaus, Braunschweig: 36.3, 36.4, 36.5, 36.6, 36.7, 36.8, 36.9. |Werder, Kerstin von, Hildesheim / Sorsum: 47.4.

Fibel

Erarbeitet von

Esther Radgen, Anja Schultalbers-Niebel, Karen Volkmann und Kerstin von Werder

Auf der Grundlage von

Anna-Katharina Lautenschläger, Heike Leinhos, Kathrin Merkt, Sandra Precht und Kerstin von Werder

Wissenschaftlich beraten durch

Carola Reuter-Liehr

Illustriert von

Svenja Doering, Isabelle Metzen und Silke Reimers

© 2024 Westermann Bildungsmedien Verlag GmbH, Georg-Westermann-Allee 66, 38104 Braunschweig
service@westermann.de, www.westermann.de

Druck A² / Jahr 2025
Alle Drucke der Serie A sind im Unterricht parallel verwendbar.

Redaktion: Rieke Brunken, Mandy Busse-Burghardt, Marleen Scharninghausen
Illustrationen: Svenja Doering, Köln; Isabelle Metzen, Bochum; Silke Reimers, Mainz; Gisela Fuhrmann, Hannover (Lautgebärden)
Umschlaggestaltung: Annette Forsch, Berlin, unter Verwendung eines Schriftzugs von Godewind, Hamburg und einer Illustration von Svenja Doering, Köln
Layout: Godewind, Hamburg; Visuelle Lebensfreude, Hannover
Druck und Bindung: Westermann Druck GmbH, Georg-Westermann-Allee 66, 38104 Braunschweig

ISBN 978-3-14-129276-3

westermann

Karibu 1

Das kann ich

Fördern

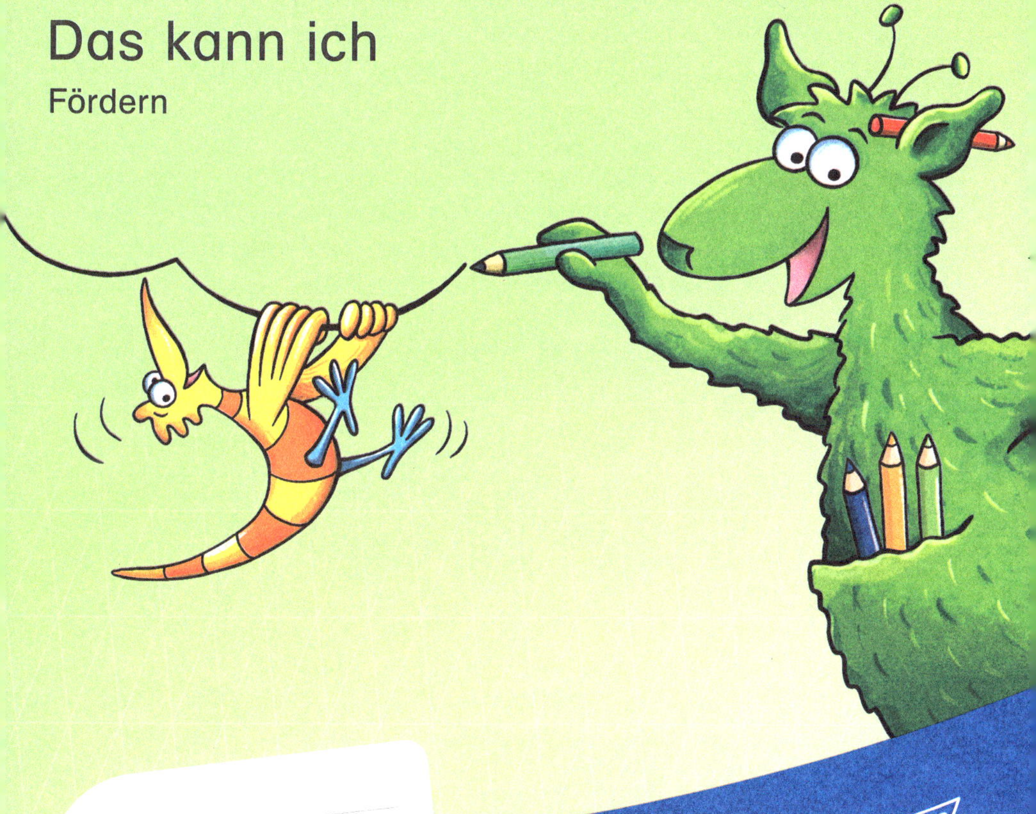

Name

Klasse

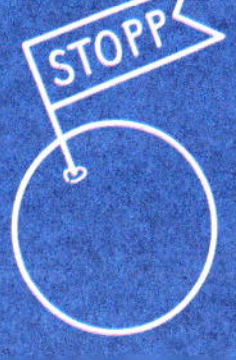

Liebe Lehrkräfte,

im vorliegenden Beiheft zur Fibel Fördern haben Sie die Möglichkeit, den Lernstand der Kinder im Bereich Lesen zu erfassen.

Hierbei wird differenziert zwischen der Überprüfung der Lesegenauigkeit und des Leseverständnisses der Kinder.

Aufgaben zur Lesegenauigkeit bearbeiten

Diese Aufgaben werden mit den Kindern gemeinsam in zwei Schritten bearbeitet:

1. Schritt: Lesen des Wortmaterials mithilfe des Setzens der Silbenbögen und des Markierens der Piloten (Vokale).

2. Schritt: Einkreisen eines von der Lehrkraft benannten Wortes pro Zeile. Die zum Einkreisen vorgesehenen Wörter finden Sie in den Handreichungen oder können frei gewählt werden.

Achtung: Im vorliegenden Beiheft finden sich weniger Aufgabenzeilen als in dem zur Fibel. Weisen Sie die Kinder darauf hin, dass sie nicht alle Symbole finden werden, die Sie ansagen, falls Sie die Basisausgabe der Fibel parallel nutzen. Es kann hilfreich sein, die Namen der Symbole vorher im Klassenverband zu besprechen. Die zweite Aufgabe kann individuell bearbeitet werden. Wörter werden hier mithilfe des Schwingens erlesen, Silbenbögen eingezeichnet und Piloten markiert.

Weitere Ideen zum differenzierten Vorgehen finden Sie hier:

Kapitel 1

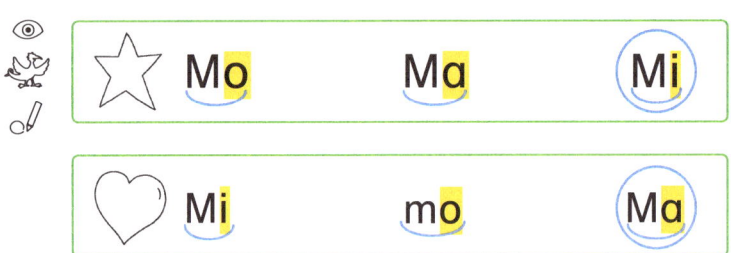

Aufgaben zum Leseverständnis bearbeiten

Die Aufgaben zum Leseverständnis können von jedem Kind selbstständig bearbeitet werden. Am Ende jeder Seite kann die erreichte Punktzahl notiert werden. Zudem erhält das Kind die Möglichkeit zur Selbsteinschätzung.

 ☒ Ma
☐ Mo

 ☒ Mo
☐ Mi

<u>2</u> / 5

😃 😐

Auswertung

Jedes richtig eingekreiste Wort (Lesegenauigkeit) und jedes inhaltlich richtig erfasste Wort bzw. jede richtig verstandene Satzaussage (Leseverständnis) werden mit einem Punkt bewertet.

Die ausgewerteten Punktzahlen können am Ende des Heftes in die dazugehörigen Koordinatensysteme eingetragen werden. Aus den Eintragungen ergibt sich ein individueller Graph des Kindes, der in Relation zum Graphen, der die jeweiligen Höchstpunktzahlen zeigt (= blauer Maximum-Graph), gesetzt werden kann.

Des Weiteren finden sich am Ende des Heftes zwei Auswertungstabellen, in die eingetragen werden kann, welche Lesefertigkeiten das Kind schon beherrscht (Symbol ✓) und welche es noch üben muss (Symbol ✗).

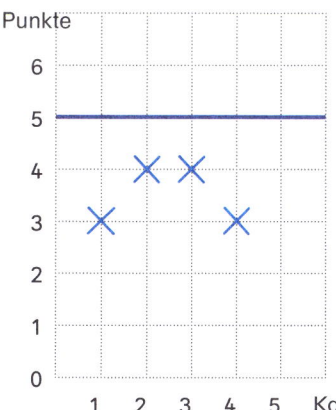

Kapitel / Das Kind kann sicher …	1	2	3
… offene Silben lesen (Beispiel: **Ma**-). -mit Silbenlücke	✗	✓	✓
-ohne Silbenlücke			
… geschlossene Silben lesen (Beispiel: ma-**len**). -mit Silbenlücke			✓

3

Kapitel 1

☆ Mo   Ma   Mi

♡ Mi   mo   Ma

🍀 Mimo   Momi

Mama   Oma

 Ma

 Mo

Mo

Mi

Ma

Mi

Ma ma

Mi mi

O ma

O mo

_____ / 5

Kapitel 2

☆ So lo	Ma la	Lo la
♡ O le	E lo	A li
🍀 La ma	Ma mi	Sa mu

lila   Limo

☐ Li

☐ Lo

☐ Su

☐ Sa

☐ La ma

☐ Li mo

☐ E mu

☐ O ma

☐ La ma

☐ Li mo

Kapitel 3

 We lu   Wo li   Wa le

Si lo   So fa   Se mu

 ru fen   ra le   ro mi

lesen   malen

A li und Sa lo me ●   ●

O ma und Sa ma ra ●   ●

Sa ma ra und O ma
ma len.   ●   ●

Sa ma ra und O ma
le sen.   ●   ●

Sa lo me
ist am So fa.   ●   ●

_____ / 5

9

Kapitel 4

Teller   Seile   Tasse

rufen   laufen   lesen

Auto   Eimer   Seife

Telefon   weiter

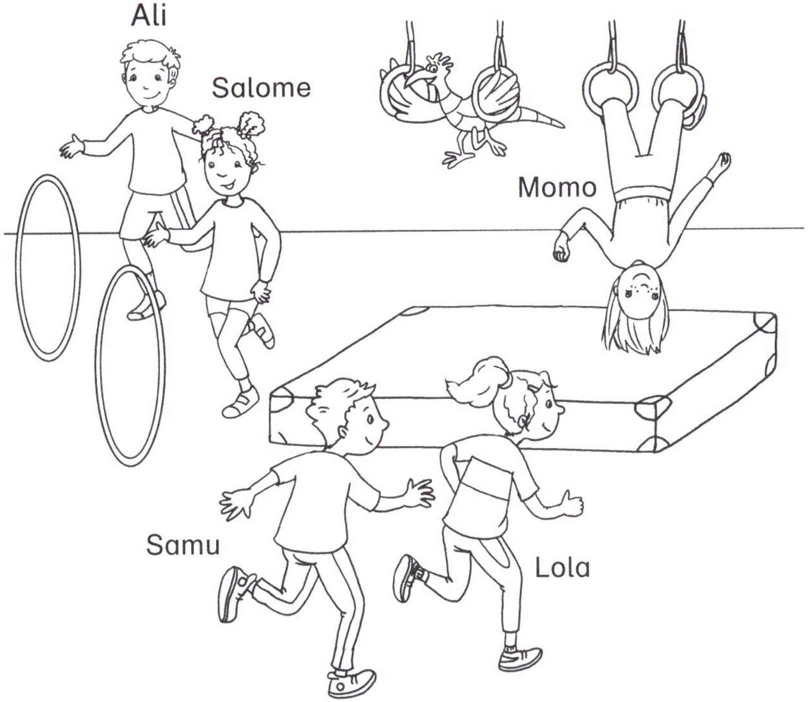

Ali

Salome

Momo

Samu

Lola

A li und Sa lo me rol len Sei le.

Ali und Salome rollen Reifen.

Sa mu und Lo la ren nen.

Samu und Lola turnen.

Bu und Momo turnen.

Kapitel 5

 Halle   Haus   Hase

Dose   Donner   Delfin

Fleisch   Faden   Feder

 Fische   Tisch   Tasche

Schaf   Schritte   Schule

andere   schwimmen

Haus

Fisch

Schere

Hammer

O le hat ei nen ro ten Schal an.
Ole hat eine Feder am Hut.
Auf der Do se ist ei ne Son ne.

____ / 7

13

Kapitel 6

Würfel   Füller   Schlüssel

Schlange   Garten   Ringe

zwischen   zittern   zischen

grauen   roten   blauen

bauen   blubberte   brodelt

gestern   Zauberer

Ei ne Tau be baut. ● ●

Kari baut am Zaun. ● ●

Bu und Salome
sind am Zaun. ● ●

Ka ri malt
den Grüf fe lo. ● ●

Kari malt
eine Taube. ● ●

Ka ri und Bu
bau en ein Haus. ● ●

Kari und Bu
bauen ein Zelt auf. ● ●

_____ / 7

Kapitel 7

Zeile   Tiere   Fliege

Biene   Brei   Briefe

klemme jammern klammerte

Puppe   Pappe   Raupe

gegen   kleinen   jedem

Geschenke   Januar

Pa pa gei en plap pern.

Bienen lieben Wiesen.

Amseln fressen Würmer.

Ein Riese ist klein.

Im Sommer ist es kalt.

Ei ne Flie ge hat Flü gel.

Wel pen sind jun ge Hun de.

_____ / 7

Kapitel 8

 Reich   Bücher   Zeichen

 Köche   Körbe   Löwen

 Quelle   Quark   Qualle

 stocherte   stottert   stolperten

 spielen   spreche   springe

 Bücherei   nicht

Sö ren hat ei ne ro te Kap pe.

Sein Halstuch ist blau.

Seine Hose hat Löcher.

Seine Schuhe sind grün.

Auf dem Pul li sind Ster ne.

Auf dem Buch ist ei ne Qual le.

Das Buch ist blau.

_____ / 7

Kapitel 9

☆ heute	heilen	heulte
🍀 Kratzer	Karte	Katze
☀ Spritzer	Hitze	Spitzer
🐚 stecken	drucke	drücken
🍎 Pfeil	Pfote	Pfeifen
⚽ großes	grüne	grober
🪙 Straßen	Füßen	Grüßen

Bauernhof   schmatzen   außerdem

 Spinnen weben Net ze.

Müc ken trinken Blut.

Wölfe haben Flügel.

Spat zen heu len laut.

Eu len jagen in der Nacht.

Die Kinder schlec ken Eis.

Schnec ken sind gro ße Tiere.

Pfer de kriechen auf dem Boden.

Bu wic kelt sich in eine Dec ke.

Ein Bauer lagert Heu
in der Schule.

21

Kapitel 10

♡	Wälder	Plätze	Wäsche
🍀	Stille	Ställe	Strände
☀	älter	kälter	älterem
☁	läuft	räumte	träumten
🐚	Käuferin	Bäume	Läufer
🌙	voll	vielen	vollen
⚽	versuche	vergesse	verwische

clever — kleverkältercleverKlasseKlever

Computer — superflutencoolComputerPuter

Vampir — FlammeVampirPCcleverVampier

Alle liegen auf einer blauen Decke.

Kari träumt von Bäumen.
An einem Baum sind Äpfel.
Am anderen Baum sind Birnen.
Zwischen den Bäumen ist ein Korb.

Bu träumt von einem Clown mit Hut.
Der Clown hat blaue Schuhe.

Salome träumt von einem Hund.
Der Hund ist braun.
Der Hund hat ein rotes Halsband.

Kapitel 11

☆ Mixer	Nixen	Mix
☀ Lexikon	Taxi	Hexer
☁ verflixten	vermixten	verhexten
🐚 Dynamo	Xylofone	Zylinder
🌙 Pony	Party	Pyramide
🏀 tierischer	typischer	tückischer
🪙 Teddy	Baby	Ägypter

Handy	WäscheHendyHandyKleverYeti
ihre	PCihrecleverKlasseKleversehr
Tee	teeBoxerTeekälterSeeihresMeer

Im Lexikon stehen Wörter.

Bäume fällt man mit der Axt.

Hexen fliegen auf Besen.

Mixer leben im Meer.

Ein Pony läuft auf Hufen.

Mit dem Dynamo
macht man Musik.

Mit dem Handy
kann man kuscheln.

Ein Baby muss Windeln tragen.

Der Himalaya ist ein Gebirge.

Der Yeti ist ein
schwarzer Schneemensch.

_____ / 10

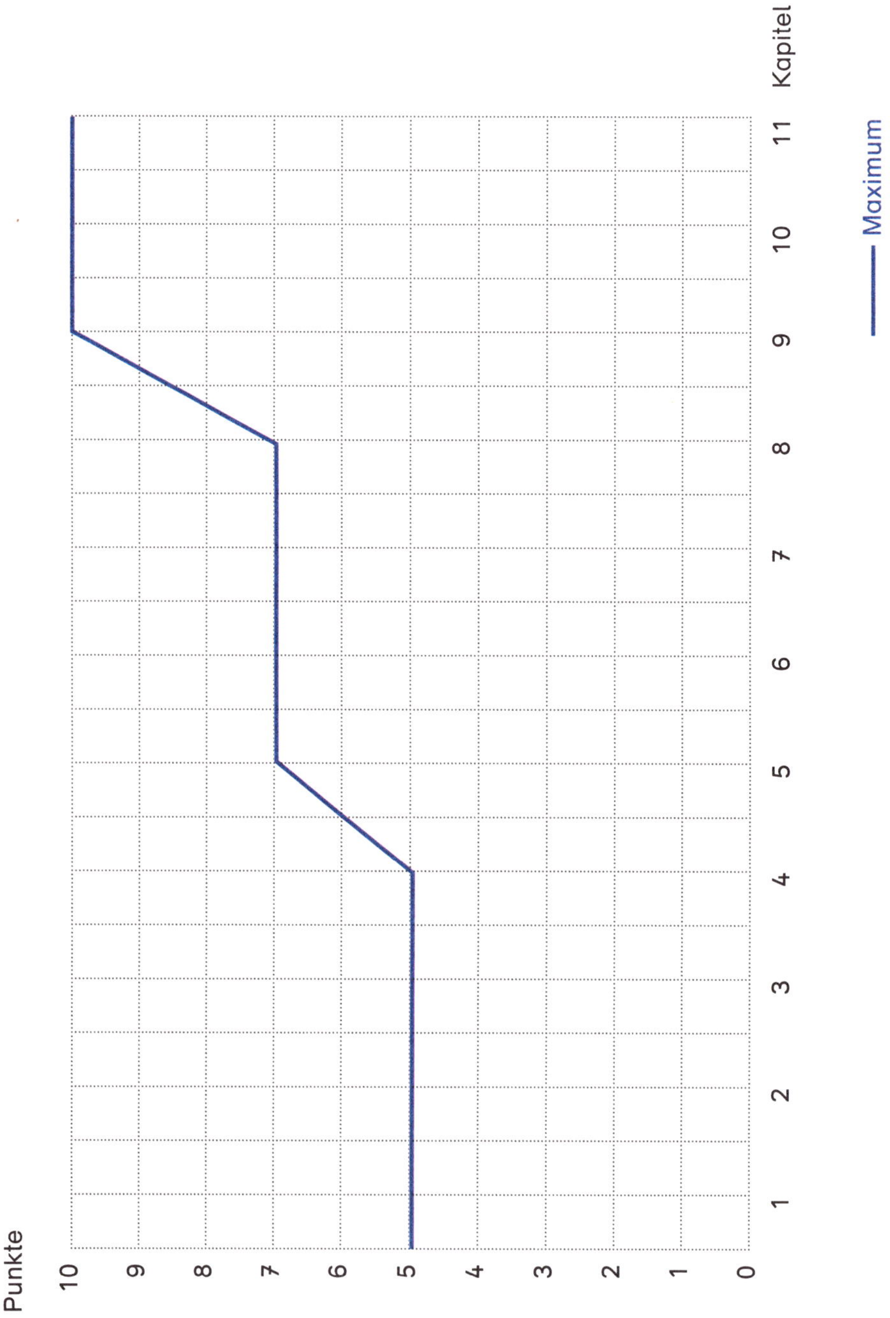

Punkte

Kapitel

—— Maximum

Kapitel / Das Kind kann sicher...	1	2	3	4	5	6	7	8	9	10	11
... offene Silben lesen (Beispiel: **Ma**-). -mit Silbenlücke											
-ohne Silbenlücke											
... geschlossene Silben lesen (Beispiel: ma-**len**). -mit Silbenlücke											
-ohne Silbenlücke											
... Wörter mit Doppel-konsonanz lesen (Beispiel: Tel-ler).											
... Wörter mit Konsonan-tenhäufung lesen (Beispiel: **Gras**)											

Bemerkungen:

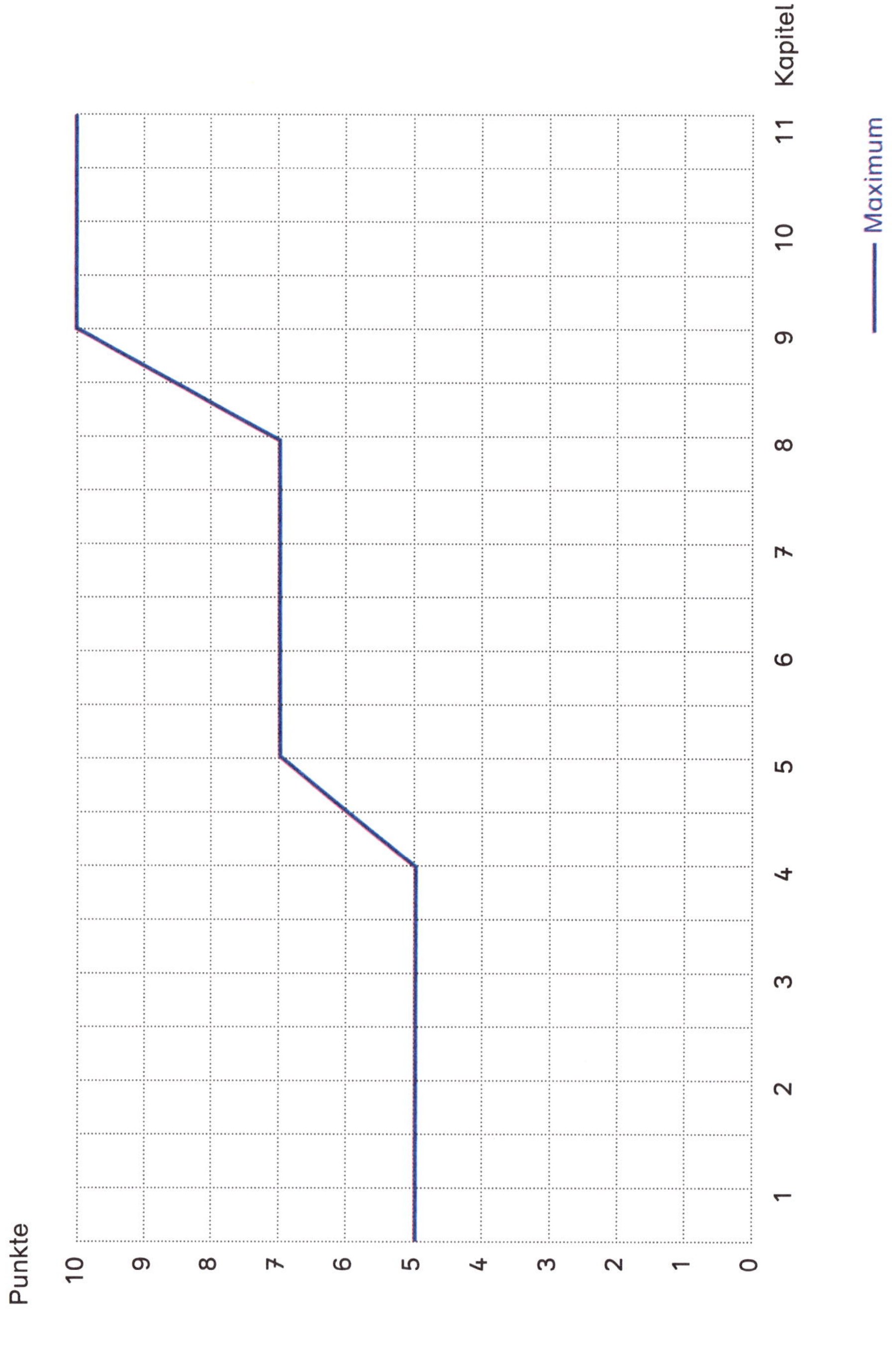

Punkte

— Maximum

Kapitel

Kapitel / Das Kind kann sicher …	1	2	3	4	5	6	7	8	9	10	11
… den Inhalt erster einfacher Silben und Wörter verstehen.											
… den Inhalt erster einfacher Satzstrukturen verstehen.											
… den Inhalt komplexerer Satzstrukturen verstehen.											
… den Inhalt komplexerer Satzstrukturen und Textabschnitte verstehen.											

Bemerkungen:

Ideen für Eltern und Lehrkräfte

Lesegenauigkeit

Offene und geschlossene Silben üben

Das Lesen mit der Leserutsche auf einer echten Rutsche durchführen: Das Kind offene (Konsonant + Vokal, z.B. ma) oder
geschlossene Silben (Konsonant + Vokal + Konsonant, z.B. len)
rutschen lassen. Beim nächsten Mal immer nur einen Buchstaben
ändern (z.B. ma, mo oder len, lem) (s. Fibel Fördern S. 14 u. 32).

Wörter mit Doppelkonsonanz, Kreuzbogen und Konsonantenhäufung üben

Wörter mit den oben genannten sprachlichen Besonderheiten
spielerisch üben: Die einzelnen Wörter auf Karten schreiben und
aufhängen oder durchnummerieren und erwürfeln. Das Kind muss
die Karten finden und vorlesen. Das regelmäßige Setzen von Silbenbögen und das Markieren der Vokale helfen beim Lesen.
Tipp: Spielerisch macht das Üben doppelt so viel Spaß!

Leseverständnis

Lesemotivation spielerisch steigern:

- Nomen erlesen, zeichnen und von anderen erraten lassen
- Verben pantomimisch darstellen und von anderen erraten lassen
- dem Kind kleine Botschaften schreiben und in die Pausenbox
  legen
- zuhause oder in der Klasse einen Briefkasten aufstellen und
  sich gegenseitig Briefe schreiben
- kleine Belohnungen (in der Schule z.B. Hausaufgabenfrei, be-
  liebte Aktivitäten in der Klasse/auf dem Schulhof) verstecken
  und mittels Lesen einer Suchanleitung finden lassen
- den Einkaufszettel im Geschäft vorlesen lassen
- gemeinsam ein Buch lesen
- Antolin (=web-basiertes Programm zur Leseförderung) nutzen

Das kann ich
Fibel Fördern

Erarbeitet von
Esther Radgen

auf der Grundlage von
Anna-Katharina Lautenschläger

Illustriert von
Svenja Doering und Silke Reimers

Bildquellenverzeichnis:
|Doering, Svenja, Köln: Titel, Titel, Titel, Titel, Titel, Titel, 4.4, 6.4, 8.4, 10.4, 15.1, 15.2, 15.3, 15.4, 15.5, 15.6, 15.7, 17.1, 23.1. |Reimers, Silke, Mainz: 2.1, 2.2, 3.1, 3.2, 4.1, 4.2, 4.3, 5.1, 5.2, 5.3, 5.4, 5.5, 6.1, 6.2, 6.3, 7.1, 7.2, 7.3, 7.4, 7.5, 8.1, 8.2, 8.3, 9.1, 9.2, 9.3, 9.4, 9.5, 10.1, 10.2, 10.3, 11.1, 12.1, 12.2, 12.3, 12.4, 12.5, 13.1, 14.1, 14.2, 14.3, 14.4, 14.5, 16.1, 16.2, 16.3, 16.4, 16.5, 18.1, 18.2, 18.3, 18.4, 18.5, 18.6, 19.1, 20.1, 20.2, 20.3, 20.4, 20.5, 20.6, 20.7, 22.1, 22.2, 22.3, 22.4, 22.5, 22.6, 22.7, 24.1, 24.2, 24.3, 24.4, 24.5, 24.6, 24.7.

© 2024 Westermann Bildungsmedien Verlag GmbH, Georg-Westermann-Allee 66, 38104 Braunschweig
www.westermann.de

Druck A² / Jahr 2025
Alle Drucke der Serie A sind im Unterricht parallel verwendbar.

Redaktion: Rieke Brunken, Marleen Scharninghausen
Illustrationen: Svenja Doering, Köln; Silke Reimers, Mainz
Umschlaggestaltung: Annette Forsch, Berlin, unter Verwendung eines Schriftzugs von Godewind, Hamburg und einer Illustration von Svenja Doering, Köln
Layout: Godewind, Hamburg; Visuelle Lebensfreude, Hannover
Druck und Bindung: Westermann Druck GmbH, Georg-Westermann-Allee 66, 38104 Braunschweig

ISBN 978-3-14-129287-9

ISBN 978-3-14-**129287**-9

www.westermann.de